Crepúsculo

FUNDAÇÃO EDITORA DA UNESP

Presidente do Conselho Curador
Mário Sérgio Vasconcelos

Diretor-Presidente / Publisher
Jézio Hernani Bomfim Gutierre

Superintendente Administrativo e Financeiro
William de Souza Agostinho

Conselho Editorial Acadêmico
Divino José da Silva
Luís Antônio Francisco de Souza
Marcelo dos Santos Pereira
Patricia Porchat Pereira da Silva Knudsen
Paulo Celso Moura
Ricardo D'Elia Matheus
Sandra Aparecida Ferreira
Tatiana Noronha de Souza
Trajano Sardenberg
Valéria dos Santos Guimarães

Editores-Adjuntos
Anderson Nobara
Leandro Rodrigues

COMISSÃO EDITORIAL DA COLEÇÃO HORKHEIMER

Ricardo Musse
Wolfgang Leo Maar
Ernani Chaves
Stefan Fornos Klein

MAX HORKHEIMER

Crepúsculo

Notas alemãs (1926-1931)

Tradução e apresentação

Luiz Philipe de Caux

Originalmente publicado como *Dämmerung.
Notizen aus Deutschland*, por Max Horkheimer
© 1974, 1987 S. Fischer Verlag GmbH, Frankfurt am Main
© 2022 Editora Unesp

Título original: *Dämerung. Notizen in Deutschland*

Direitos de publicação reservados à:
Fundação Editora da Unesp (FEU)
Praça da Sé, 108
01001-900 – São Paulo – SP
Tel.: (0xx11) 3242-7171
Fax: (0xx11) 3242-7172
www.editoraunesp.com.br
www.livrariaunesp.com.br
atendimento.editora@unesp.br

Dados Internacionais de Catalogação na Publicação (CIP)
de acordo com ISBD
Elaborado por Vagner Rodolfo da Silva – CRB-8/9410

H811c

Horkheimer, Max
   Crepúsculo: notas alemãs (1926-1931) / Max Horkheimer; traduzido por Luiz Philipe de Caux. – São Paulo: Editora Unesp, 2022.

   Tradução de: *Dämmerung*
   Inclui bibliografia.
   ISBN: 978-65-5711-146-8

   1. Filosofia. 2. Max Horkheimer. I. Caux, Luiz Philipe de. II. Título.

2022-2164   CDD 100
                                                                                 CDU 1

Editora afiliada:

Sumário

Apresentação . *11*
   Luiz Philipe de Caux

Crepúsculo – Notas alemãs (1926-1931)

Observação preliminar . *31*

   Crepúsculo . 33
   Monadologia . 34
   Roleta . 35
   Conceitos desonrados . 35
   Possibilidades ilimitadas . 36
   As mãos que traem . 37
   Conversações filosóficas de salão . 38
   A parcialidade da lógica . 39
   Caráter e ascensão social . 40
   Violência e harmonia . 42
   Todo começo é difícil . 42
   De dentro para fora . 43

Tempo é dinheiro . 45

Contradição . 47

O porteiro do hotel . 47

Educação e moral . 49

Perigos da terminologia . 50

Categorias do sepultamento . 50

Destino justo . 54

"A mão que a vassoura aos sábados carrega / é a que, domingo, há de melhor acariciar-te." . 54

Bridge . 55

Cegueira para valores . 55

Limites da liberdade . 56

Um prêmio à vileza . 58

Dois tipos de reprimenda . 61

"O país desconhecido…" . 62

Sobre a doutrina do ressentimento . 63

Justiça absoluta . 64

Nietzsche e o proletariado . 65

Regras do jogo . 66

Arquimedes e a metafísica moderna . 68

Inversão de ideias . 68

Só se pode ajudar o todo . 69

Ceticismo e moral . 70

Visão heroica de mundo . 73

Todos têm de morrer . 74

Discussão sobre a revolução . 75

Tato . 79

Animismo . 80

Crepúsculo

Sobre a formalização do cristianismo . 81

Fé e lucro . 81

Ou isto – ou aquilo! . 82

Regras políticas para a vida . 84

Metafísica . 85

Estrutura social e caráter . 86

Platitudes . 89

Saúde e sociedade . 90

Os não marcados . 91

Domínio da Igreja . 92

Budismo . 92

O homem ordinário e a filosofia da liberdade . 93

Uma velha história . 96

Aspiração desinteressada à verdade . 97

Moral burguesa . 99

Teatro revolucionário ou "a arte reconcilia" . 100

Sobre a caracterologia . 101

Os encalhados . 103

Uma crítica diferente . 105

Sobre a psicologia da conversação . 108

A impotência da classe trabalhadora alemã . 109

Ateísmo e religião . 116

O arranha-céu . 117

Os ricos e suas modestas carências . 118

Símbolo . 119

Caim e Abel . 119

A luta contra o burguês . 119

Educação para a veracidade . 122

Max Horkheimer

Valor do ser humano . 123

A mulher em Strindberg . 124

Poder, direito, justiça . 125

Graus de cultura . 126

O amor e a estupidez . 128

Indicações . 129

Sobre a questão do nascimento . 130

Socialismo e ressentimento . 131

A urbanidade da linguagem . 133

Uma categoria da alta burguesia . 134

O elemento pessoal . 135

O espaço social . 135

Uma fábula sobre a consequência lógica . 137

Confissão . 138

O capitalismo "infelizmente" estabilizado . 139

Servir aos negócios . 139

O prestígio da pessoa . 141

Humanidade . 143

Dificuldade na leitura de Goethe . 143

O dinheiro torna algo sensual (ditado berlinense) . 144

A garota abandonada . 145

Direito de asilo . 146

Maus superiores . 147

Se alguém não quer trabalhar, que também não coma . 149

Impotência da renúncia . 150

Os bons e velhos tempos . 151

Transformações da moral . 152

Responsabilidade . 153

Crepúsculo

A liberdade da decisão moral . 155

A alegria de trabalhar . 156

A Europa e o cristianismo . 157

A preocupação na filosofia . 162

Conversa sobre os ricos . 162

Gratidão . 164

O progresso . 165

O idealismo do revolucionário . 167

A pessoa dada como dote . 168

"Notícias de atrocidades" . 169

Sobre as Máximas e reflexões *de Goethe . 171*

A nova objetividade . 172

Mentira e ciências do espírito . 175

Psicologia da economia . 175

Artifícios . 176

Ao telefone . 177

Esquisitices da época . 178

O caráter . 179

Contingência do mundo . 180

Conduzir a vida seriamente . 183

Relatividade da teoria das classes . 184

Horror pelo assassinato de crianças . 187

O interesse pelo lucro . 187

O caráter moralmente intacto do revolucionário . 188

Caminho livre para as pessoas de talento . 188

Relações humanas . 190

Sofrimento espiritual . 192

Dois elementos da Revolução Francesa . 193

Da diferença de idades . 194

Afetos estigmatizados . 194

Dificuldade de um conceito psicanalítico . 196

Pelos danos nos tornamos sábios . 197

Tal é o mundo . 197

Burocracia sindical . 198

Os que ficaram para trás . 199

Dupla moral . 200

Sobre a relatividade do caráter . 201

Uma neurose . 202

Esperar . 203

O insondável . 204

Esquecimento . 206

Apresentação

Luiz Philipe de Caux
Universidade Federal Rural do Rio de Janeiro

"A coruja de Minerva só começa seu voo quando irrompe o *anoitecer.*"[1] Tendo de lidar com a palavra *"Dämmerung"*, Marcos Müller assim verteu a célebre sentença de Hegel sobre a relação entre a filosofia e o tempo histórico. Para evitar, naquele contexto, mal-entendidos que outras traduções talvez não evitassem, um de nossos maiores tradutores de filosofia alemã verteu *"Dämmerung"* por "anoitecer". A ideia é a de que nem mesmo a mais especulativa das filosofias é capaz de ir além do horizonte de seu próprio tempo; o pensamento à altura de seu tempo é aquele que se enuncia não exatamente quando um processo histórico já se apagou por completo e o que resta é a escuridão da

---

1 HEGEL, Georg W. F. *Linhas fundamentais da filosofia do direito:* direito natural e ciência do Estado no seu traçado fundamental. Tradução, apresentação e notas por Marcos Müller. São Paulo: Editora 34, 2022. p.148, grifo meu.

noite, mas sim naquele instante confuso de sua agonia, em que já não é dia, ainda não é noite, mas ela já é implacável (sobretudo para a coruja teórica, que a compreende). Quando o prático galo gaulês do jovem Marx, em contraste, quer cantar, é para anunciar a revolução, o fim de uma longa noite e a aurora de um novo dia.[2] Horkheimer não está certo se seu crepúsculo é o poente de Hegel ou o despontar do sol no horizonte de Marx. Mais ambíguo, no seu uso cotidiano, que o português "crepúsculo", *Dämmerung*, título original da coleção de aforismos que o leitor tem em mãos, significa não simplesmente o ocaso, o anoitecer, o lusco-fusco entre o dia e a noite, nem tampouco a alvorada, o novo lusco-fusco que se produz quando é a noite que vira dia, mas o próprio gradiente de cores da transição que se manifesta em ambos, motivo pelo qual se fala, em alemão, quando se quer evitar a equivocidade, em *Morgendämmerung* (aurora, a meia claridade do amanhecer) ou *Abenddämmerung* (ocaso, a meia claridade do anoitecer). O leitor desprevenido – que, na dúvida, consulte um dicionário! – deve ter em conta que o mesmo acontece com nosso vocábulo "crepúsculo", que, embora soe aos ouvidos de modo imediato como designando o crepúsculo vespertino, traz consigo clandestina, pelas mesmas razões de sua correspondente germânica e como aquelas curiosas palavras freudianas que significam também o seu exato oposto, a meia-luz da aurora. O crepúsculo é aquela hora perigosa do poeta, que pode, todavia, redundar na salvação.[3] Ressoa como um segundo

---

2 MARX, Karl. *Crítica da filosofia do direito de Hegel*. Trad. Rubens Enderle e Leonardo de Deus. São Paulo: Boitempo, 2010. p.157.

3 HÖLDERLIN, Friedrich. *Poemas*. Trad. José Paulo Paes. São Paulo: Companhia das Letras, 1991. p.180-1.

Apresentação

harmônico um "socialismo ou barbárie!" na ambiguidade pro-
posital do título do jovem luxemburguista Max Horkheimer.[4]
Entre a claridade do dia e a escuridão da noite (e vice-versa), en-
contra-se a cada vez o vermelho socialista do crepúsculo.[5] Ele é
certamente um declínio, mas o presente é sempre aberto e pode
sempre ser já também um começo, como diz o autor no aforismo que abre o livro. A epígrafe do poeta austríaco Nikolaus
Lenau não deixa dúvidas. Morre-se no crepúsculo, que é de fato
uma alvorada, mas a própria morte é também um crepúsculo,
isto é, desta vez, um ocaso. O crepúsculo de Lenau é uma chance
perdida. A referência de Horkheimer é, por certo, o fracasso da
Revolução Alemã, com a queda da Liga Espartaquista em Berlim
e os assassinatos de Rosa Luxemburgo e Karl Liebknecht, mas
particularmente também com o fim da curta vida da República
de Conselhos de Munique, cidade onde Horkheimer então mo-
rava, cujos círculos socialistas, boêmios e de vanguarda artística
frequentava e cuja repressão o acaso o fez viver na própria pele.[6]

---

4 Sobre a influência de Rosa Luxemburgo em *Crepúsculo*, cf. MICHAE-
LIS, Loralea. Temporality and Revolution in Horkheimer's Early
Critical Theory: A Luxemburgian Reading of *Dämmerung*. *Telos*,
n.185, p.129-48, 2018.

5 "Em nenhuma outra época e em nenhum outro escrito tanto quanto
no *Crepúsculo* ele [Horkheimer] adere tão enfaticamente ao socialismo e subordina de modo tão incondicional seus esforços teóricos a esse objetivo" (SCHMID NOERR, Gunzelin. Nachwort des
Herausgebers. In: HORKHEIMER, Max. *Gesammelte Schriften. Band
2: Philosophische Frühschriften 1922-1932*. Frankfurt am Main: Fischer,
1987. p.467, tradução minha).

6 Abromeit conta que, enquanto se deslocava nas ruas de Munique,
Horkheimer foi por duas vezes confundido, por semelhança física, com o escritor expressionista e revolucionário da Liga Espartaquista Ernst Toller, por cuja captura se oferecia uma recompensa.

Conhece-se a sequência dessa história. Se, de acordo com a tese que Žižek atribui a Benjamin, toda ascensão do fascismo testemunha uma revolução fracassada,[7] daquela vez, o lusco-fusco se resolveu pela noite. No fim de janeiro de 1933, o presidente Paul von Hindenburg nomeou Hitler chanceler do Reich Alemão, e é de fevereiro do mesmo ano a "Observação preliminar" de *Crepúsculo*, que ressalva de antemão que os pensamentos do

---

Escapando por pouco do espancamento, Horkheimer decidiu então deixar Munique e se mudar para Frankfurt (ABROMEIT, John. *Max Horkheimer and the Foundations of the Frankfurt School*. Cambridge, UK: Cambridge University Press, 2011, p.44).

7 ŽIŽEK, Slavoj. *First as Tragedy, Then as Farce*. London: Verso, 2009. p.73. Escrevendo, portanto, antes do desfecho, no aforismo "A impotência da classe trabalhadora", Horkheimer constata uma cisão na classe operária entre aqueles que dispõem de alguma segurança no trabalho e os que de fato não têm nada a perder, cisão que constituiria a base real da existência de dois partidos trabalhistas na Alemanha, o KPD (comunista) e o NSDAP (nazista). Demonstrando como essa cisão materializa também a cisão entre dois momentos necessários para a superação do capitalismo, o da consciência teórica clara e o do interesse material imediato, Horkheimer conclui surpreendentemente que "em cada um dos dois partidos existe uma parte das forças das quais o futuro da humanidade depende". Um estudo empírico acerca da mentalidade dos trabalhadores realizado pelo Institut für Sozialforschung em 1930 (antes de Horkheimer assumir oficialmente a direção, mas quando já conduzia na prática as atividades do instituto) concluíra, ao constatar uma ambivalência na maioria dos questionados quanto a posturas autoritárias e antiautoritárias, que a classe trabalhadora não oporia resistência a uma tomada de poder pela direita. Esses resultados se tornaram objeto de um desentendimento entre Horkheimer e Erich Fromm, que conduziu a pesquisa (cf. JAY, Martin. *A imaginação dialética*: história da Escola de Frankfurt e do Instituto de Pesquisas Sociais 1923-1950. Rio de Janeiro: Contraponto, 2008. p.166-8).

Apresentação

livro já haviam envelhecido, pois "pertencem ao tempo anterior à vitória definitiva do nacional-socialismo" e diziam respeito a um mundo que já havia sido ultrapassado. O livro tem, então, um *status* temporal excêntrico — quando se enuncia, já não está mais onde cria estar —, mas sua autoimputada caducidade é justamente o que o torna até hoje atual, como se as esperanças que registra se projetassem renovadas no futuro justamente por se saberem então obsoletas. Quando Horkheimer publica o livro, em 1934, por uma editora de Zurique, já exilado provisoriamente na Suíça antes de novamente emigrar no mesmo ano, dessa vez para Nova York, o crepúsculo cuja experiência se inscreve no livro pode parecer ter sempre sido aquele que traz a noite — mas não era. Enquanto escrevia, entre 1925 e 1931, muito ainda estava em jogo, em que pesem as fortes derrotas sofridas havia pouco. Daí a experiência benjaminiana de descerramento da história que o livro deve ter provocado já então e pode continuar provocando, se lido à luz de seu contexto. Já foi notado como combinam-se, em Horkheimer (mais acentuadamente em algumas fases de seu pensamento do que em outras), um profundo fatalismo acerca do decurso histórico passado e um renitente voluntarismo acerca da possibilidade de explodir o contínuo da história.[8] "Se o socialismo é improvável, é necessária uma resolução ainda mais desesperada para torná-lo verdadeiro", diz o autor no aforismo "Ceticismo e moral". No crepúsculo, nos movemos no domínio do provável

---

8 A respeito dessa tensão no ensaio "O Estado autoritário", cf. nossa interpretação em DE CAUX, Luiz Ph.; MAZZOCCHINI, Graziano. Entre Pollock e Benjamin: teoria e práxis no "Estado autoritário" de Horkheimer. *Princípios*, v.26, n.50, p.239-62, 2019.

e do improvável, isto é, do possível, e depende da ação política o desfecho em socialismo ou barbárie. E embora a barbárie siga hoje se impondo, ou por isso mesmo, o imperativo de Rosa Luxemburgo faz o crepúsculo vermelho se perenizar e não deixa que a noite caia de uma vez por todas para nós.

Independentemente de seu desfecho, até então em suspenso, a experiência cotidiana posta no papel por Horkheimer é a experiência de uma transição. O que encontra seu fim é a fase liberal do capitalismo, vítima da concentração de capitais que ela mesma engendrou. Porém, se esse processo econômico é em grande medida o conteúdo tratado no livro, há uma interessante discrepância entre seu conteúdo e sua forma. Não há números, dados, correlações, formulações de leis, confirmação de hipóteses, gráficos ou o que quer que apagasse o vivido em nome de uma objetividade e de uma neutralidade positivas, mas sim o registro da experiência subjetiva, a nota privada, quase íntima, a narrativa imaginária, a lembrança autobiográfica, o fragmento assistemático, a tirada espirituosa. Retrato de sua sociedade e de seu tempo, o livro de Horkheimer é também um retrato dele próprio nos espaços pelos quais circula. É de dentro da experiência vivida do autor que sobressaem os processos objetivos que a transcendem. A monopolização do capital não é um processo diagnosticado de modo asséptico pela ciência econômica, mas algo experimentado na carne e em todas as esferas da vida. Nesse processo, algo do capitalismo muda para que sua essência possa continuar a mesma: "a estrutura da sociedade capitalista se transforma continuamente sem que os fundamentos dessa sociedade, a relação capitalista, sejam violados" ("Limites da liberdade"). Se as "ideologias necessárias" se tornam "ocas", como já diz o primeiro aforismo, é porque as ideias

Apresentação

estruturantes da esfera da circulação (liberdade, igualdade, justiça, sem cuja pressuposição não há troca de equivalentes) perdem sua força material junto à debilitação da concorrência – e daí a necessidade de formas de dominação mais cruéis, violentas, para que a esfera da produção, por sua vez, possa restar intocada. O mesmo esvaziamento dos ideais retorna logo a seguir em "Conceitos desonrados". Em "Possibilidades ilimitadas", as dimensões percebidas como hipertrofiadas de todos os aspectos da vida social no início do século XX (em comparação com os séculos anteriores), das habilidades de um musicista às forças produtivas em geral, são paralelas à hipertrofia do próprio capital concentrado, que produz em contrapartida uma espécie de atrofia da sensibilidade moral por obsolescência técnica: diante da monstruosa pilha de tudo o que se produz, o indivíduo se torna cada vez mais insignificante e impotente, e sua atenção não é mais capaz de se voltar para o sofrimento singular, diluído no caldo do "sofrimento geral", incapaz de gerar compaixão em sentido próprio. "Todo começo é difícil" registra a cada vez maior dificuldade da ascensão social na sociedade enrijecida pela monopolização ("o começo se torna cada vez mais difícil do que já era antes"). Mesmo certos ditos mudam de sentido na passagem ao capitalismo pós-liberal: em "Tempo é dinheiro", se a sentença de Benjamin Franklin significava, em tempos de concorrência aberta, algo como "cada minuto lhe pode ser produtivo, portanto seria tolo perder um só que fosse", então, no capitalismo dos trustes, "agora, ela quer dizer: se você não se esfolar de trabalhar, morrerá de fome".

Sobretudo, muda a estrutura das classes, no interior das próprias classes e das classes entre si, e essa transformação, palpável em cada interação social cotidiana para aquele cuja sensibilidade foi apurada pela teoria, é a que mais mobiliza a pena de Horkheimer. A análise das transformações nas relações sociais (no capitalismo, todas elas relações de produção) como vividas no "mundo da vida" ganha um surpreendente tom bourdieusiano de descrição do *habitus*, sem que o capital social e o capital cultural das frações das classes se desacoplem de seu capital econômico. De um lado, é do fim da burguesia esclarecida e progressista que se trata, com seus modos, costumes, crenças; de outro, do desmembramento da classe operária em estratos com diferentes *status* de trabalho até o desemprego crônico e da consequente perda da sua solidariedade interna. As relações de cortesia e as formas normativas do trato entre aqueles que ocupam lugares distantes na hierarquia — e, sobre a inteira sociedade como hierarquicamente estruturada, confira-se o aforismo "O arranha-céu" — são desveladas por Horkheimer como pactos tácitos, apoiados por uma coerção difusa, para evitar que se pronuncie cinicamente a injustiça por todos sabida e que se declare abertamente a guerra social.

Se as lentes são as da experiência vivida subjetiva, é natural que a questão moral seja a todo tempo levantada. Como viver de modo íntegro nesta sociedade que emerge, cada vez menos mediada pelos valores da velha burguesia iluminista e cada vez mais abertamente violenta? Será que também a própria moral se torna caduca? Horkheimer enfrenta uma verdadeira dialética da personalidade moral, ou, como prefere, do caráter. Há um aparente paradoxo que necessita ser deslindado. Entendido em sentido imediato e tomado em seu valor de face, o caráter moral individual é tão mais possibilitado quanto mais alto na hierarquia social alguém se encontra. "Moral e caráter são, em larga medida, monopólio da classe dominante" ("A liberdade da

Apresentação

decisão moral"). Adquirir uma formação moral, aprendendo a controlar os impulsos antissociais, é, nesta sociedade, um luxo do qual em regra podem gozar apenas aqueles que tiveram condições materiais para tanto (cf., por exemplo, "Educação e moral"). Mas, justamente por isso, de modo mediado pela imoralidade dessa própria hierarquia social, o caráter moral dos de cima é também essencialmente imoral (o que nem por isso torna mais moral o dos de baixo). A moralidade individual é aparente, pois é mediada pela imoralidade essencial do sistema que a possibilita. Estamos muito perto da intuição de Adorno sobre a impossibilidade da vida verdadeira na falsa ou da sacada de Benjamin sobre a identidade de cultura e barbárie. Nesta sociedade, mesmo o ressentimento troca de sinal: contra Nietzsche, ele é um afeto racional e mesmo justo, sinal de um "juízo desanuviado" ("Os encalhados"). "Essa ordem, na qual os filhos dos proletários estão condenados à morte por inanição, e os conselhos administrativos, condenados aos festins, realmente desperta ressentimento" ("Socialismo e ressentimento"). Mas, mesmo que Nietzsche esteja errado em condenar o ressentimento dos "fracos", sua crítica ensina ao proletariado que a própria moral é "apenas enganação" e precisa ser derrubada em um levante ("Nietzsche e o proletariado"). Horkheimer, no entanto, não é Adorno. Algo da ideia de que a moral muda de sentido em um mundo falso está presente, mas não exatamente como em seu companheiro. Enquanto em Adorno *toda* ação moral está contaminada pela imoralidade que a medeia, nesse escrito de Horkheimer, a moral segue guardada em ao menos um lugar positivo. Há, na imanência desse sistema, uma ação inequivocamente moral: a que nega o próprio sistema e quer destruí-lo. A verdadeira moral será então reconhecida pelos valores dominantes como imoral por excelência. Para o jovem Horkheimer, numa ordem injusta, mentir é moral quando é preciso mentir para seguir sendo opositor e dizer a verdade é colaborar ("Educação para a veracidade"). Ser ingrato, se se está na situação moral do revolucionário, não é imoral, mas condição da luta ("Gratidão"). Para Horkheimer, "em um período como este", isto é, em um crepúsculo histórico, "a luta contra o existente aparece ao mesmo tempo como luta contra o necessário e o útil, e [...], por outro lado, o trabalho positivo no quadro do existente é ao mesmo tempo uma colaboração positiva com a perenização da ordem injusta" ("Um prêmio à vileza"). Por isso, "a forma assumida pela moral no presente é a da efetivação do socialismo" ("Ceticismo e moral").

Diferentemente de Adorno, também, e mesmo das posições que ele próprio viria a assumir quando mais próximo esteve deste, Horkheimer é aqui herdeiro assumido das melhores intenções da classe burguesa na fase em que, na teoria, era iluminista e, na prática, revolucionária. O socialismo de Horkheimer (um autor que chama a si próprio um "individualista em seu modo de vida") pretende ser, de fato, uma extração das últimas consequências de um pensamento burguês radical, radical a ponto de, no fim, precisar trair a particularidade da própria classe em nome de sua pretendida universalidade. O próprio pseudônimo sob o qual o livro é publicado é indício dessa filiação. Como dito, uma vez consumada a tomada do poder pelos nazistas, Horkheimer publica o livro no exterior, e o faz sob o pseudônimo de Heinrich Regius. Trata-se de uma germanização do prenome de Henricus Regius (nome latino), ou Hendrik de Roy (holandês), filósofo do século XV, professor de medicina na Universidade de Utrecht, correspondente e seguidor de

Apresentação

Descartes que veio, mais tarde, a desenvolver uma crítica materialista de seu mestre, negando suas teses metafísicas sobre a prova da existência de Deus e sobre a configuração do dualismo de *res extensa* e *res cogitans*, sustentando, de uma posição mais naturalista, uma união tão estreita de corpo e mente que não deixava mais espaço para a crença na substancialidade e na eternidade da alma. Regius conta assim, para Horkheimer, como um "exemplo de espírito livre",[9] e talvez possa ser considerado um membro daquela tradição do "esclarecimento radical" de que fala Jonathan Israel, disposto a ir às últimas consequências para fazer valer aquilo que lhe é indicado pela razão. Para Horkheimer, os intelectuais do primeiro esclarecimento burguês são

> aqueles que abriram caminho para a ordem burguesa com sua luta contra a Idade Média dentro da cabeça das pessoas, e que, mesmo depois da vitória dessa ordem, indiferentes aos novos desejos da burguesia que ascendera economicamente ao poder, aspiraram servir até ainda mais longe à libertação espiritual e à verdade. ("Categorias do sepultamento")

Horkheimer quer fazer valerem os "os resíduos teóricos da época revolucionária da burguesia" ("A luta contra o burguês"), anteriores ao momento que Lukács viria mais tarde a denominar a "decadência ideológica da burguesia",[10] a virada reacionária e autoritária da classe burguesa no momento em que

---

9 SCHMID NOERR, Nachwort des Herausgebers, op. cit., p.466, n.32.

10 LUKÁCS, Georg. Marx e o problema da decadência ideológica. In: *Marxismo e teoria da literatura*. Rio de Janeiro: Civilização Brasileira, 1968. p.49-112.

a realização plena dos valores e ideais que havia usado como arma contra a nobreza passa a servir como ferramenta ao proletariado, dessa vez contra a própria burguesia. Havia um tempo, diz Horkheimer, em que "a ideologia burguesa ainda levava a sério a liberdade e a igualdade e o desenvolvimento sem inibições de todos os indivíduos ainda aparecia como finalidade da política" ("Direito de asilo"). Esse tempo passou, o fascismo europeu era a mais forte manifestação daquela decadência ideológica desde o golpe de Estado de Luís Napoleão, e agora "a moral à qual apelam [certos escritores radicais] já foi há muito descartada pela burguesia que se tornou imperialista" ("Transformações da moral"). Horkheimer sabe que as coisas são, nesse instante, "tão complicadas que o trabalho científico de Bacon e Galileu beneficia hoje a indústria bélica" ("Um prêmio à vileza"), mas não chega a afirmar, como afirmaria mais tarde, junto a Adorno, que é o próprio esclarecimento que engendra o seu contrário.[11] As promessas da vertente radical do esclarecimento burguês podem e devem, para Horkheimer, ser retomadas, e sua consequência lógica – evitada pela própria burguesia – é o socialismo. Em que pese sua origem burguesa, o socialismo de Horkheimer não é simplesmente a realização dos conteúdos normativos do trabalho, mas sim uma forma de organização social em que o trabalho perde a centralidade. A ideia de uma sociedade em que é pelo trabalho que se realiza o bem comum é caduca quando há "verdadeira abundância de todos os bens necessários" ("Relatividade da teoria das classes") e, ao mesmo tempo, em razão da "tendência de diminuição do

---

11 ADORNO, Theodor W.; HORKHEIMER, Max. *Dialética do esclarecimento*: fragmentos filosóficos. Rio de Janeiro: Zahar, 1985.

Apresentação

número de trabalhadores empregados proporcionalmente ao uso de maquinaria", "uma porcentagem cada vez menor do proletariado é realmente empregada" ("A impotência da classe trabalhadora alemã"): quebra-se o liame entre trabalho e retribuição, e o velho dito bíblico de Paulo retomado pelos socialistas contra a burguesia, "Se alguém não quiser trabalhar, que também não coma" (2 Tes 3:11), torna-se antes um dito reacionário e justificador do existente ("Se alguém não quiser trabalhar...").

Por mais burguesa que seja a vida do próprio Horkheimer, sua sensibilidade teórica está sempre voltada para certas experiências de seu outro. É muito notável que por diversas vezes Horkheimer mencione os territórios coloniais e as atrocidades neles cometidas como sustentáculo da ordem e da abundância que reina na metrópole. A questão do sofrimento animal, não mais que consequência da compaixão schopenhaueriana do autor por toda espécie de sofrimento, também atravessa diversos aforismos. Igualmente, a instituição penal prisional, à margem da sociedade, é outra das ideias fixas de Horkheimer, e conta, para ele, como metáfora da sociedade capitalista em geral. Para quem se encontra bem no centro, é surpreendente que Horkheimer formule, mesmo que de modo apenas indicativo, algo semelhante a um princípio que viria a caracterizar certa tradição crítica brasileira, o do privilégio epistêmico da periferia do capitalismo para a crítica da ideologia.[12] Em "De dentro para fora", Horkheimer fala da necessidade de um abalo capaz de descentrar nossa experiência de nós mesmos como pressuposto para conhecermos nossos próprios condicionantes.

---

12 Cf. SCHWARZ, Roberto. As ideias fora do lugar. In: *Ao vencedor as batatas*. 6.ed. São Paulo: Editora 34, 2012. p.9-32.

Em "Sobre as máximas e reflexões de Goethe", pensa a vantagem do dominado para conhecer a si mesmo e ao dominante melhor do que ele próprio se conhece e chega a falar do "ponto de vista do chão de fábrica", no que ressoa, claro, o "ponto de vista do proletariado" de Lukács, mas adianta também, para nossos ouvidos, o "ponto de vista da periferia" de Paulo Arantes. O ofuscamento só funciona completamente para aquele que está no centro, ele se atenua quanto mais à margem nos encontramos. Em "O espaço social", sustenta: "Enquanto uma pessoa se mantém no centro de uma sociedade, ou seja, enquanto ocupa uma posição respeitada e não entra em contradição com a sociedade, ela não tem a experiência do que é decisivo na essência da sociedade". Daí a fixação com o presídio e a colônia, que Horkheimer compreende serem portadores da verdade dos mais refinados salões da alta burguesia.

O ano das últimas notas contidas em *Crepúsculo*, 1931, é também o ano em que Horkheimer assume a posição de direção do Institut für Sozialforschung de Frankfurt e começa a conceber a *Zeitschrift für Sozialforschung*. O livro contém, portanto, pensamentos de Horkheimer anteriores ao início do que quer que se possa chamar de "Escola de Frankfurt" e adianta diversas ideias que, sistematizadas mais tarde pelo próprio Horkheimer, viriam a compor aquilo que se chamaria de "teoria crítica". "Perigos da terminologia", por exemplo, mostra o quanto a conceituação científica positiva (ou o que Horkheimer chamaria de "teoria tradicional") possui um caráter quietista, ao normalizar a experiência e conotar como necessário aquilo que antes era perturbador e impelia à transformação, como se aquilo que é explicado cientificamente se transformasse imediatamente em natureza eterna e imutável. A crítica

Apresentação

à suposta neutralidade e objetividade das ciências positivas se apoia aqui, sobretudo, naquilo que Jürgen Ritsert denominou sinteticamente de "teorema de Horkheimer",[13] tão bem formulado no início de "Relatividade da teoria das classes":

> As teorias têm origem nos interesses das pessoas. Isso não significa que os interesses necessariamente falsifiquem a consciência. É antes o caso de que as teorias corretas são justamente as que se orientam pelas perguntas para as quais elas oferecem uma resposta.

Em "Afetos estigmatizados", Horkheimer vê justamente o papel positivo dos afetos na produção da verdade teórica: "Na realidade, o pensamento burguês estigmatiza apenas os afetos dos dominados contra os dominantes". A exigência de imparcialidade, desde sempre movida por afetos e interesses, "significa hoje, portanto, um estreitamento do horizonte, condicionado pela dependência da ciência ao capital". Por isso, a ideia de neutralidade da ciência é parcial, não está acima, mas joga para um dos lados, ao passo que a parcialidade consciente daqueles que lutam por uma universalidade que ainda não existe é que obtém a verdadeira objetividade do conhecimento (como se vê em "A parcialidade da lógica", "Aspiração desinteressada à verdade" e "Uma fábula sobre a consequência lógica"). O leitor interessado neste documento seminal da primeira teoria crítica frankfurtiana tem, então, nas páginas que seguem, uma experiência a fazer.

---

13 RITSERT, Jürgen. *Ideologie:* Theoreme und Probleme der Wissenssoziologie. Münster: Westfälisches Dampfboot, 2002. p.19.

Crepúsculo

Notas alemãs (1926-1931)

De onde vem esse desgosto sombrio de nosso tempo,
O rancor, a pressa, o despedaçamento? —
Da morte no crepúsculo é consequência
Essa taciturna impaciência;
Como é amargo não chegar a ver a luz tão almejada,
Tombar na hora de sua alvorada.

— Nikolaus Lenau

Observação preliminar

Este livro envelheceu. Os pensamentos nele contidos são notas redigidas ocasionalmente entre os anos 1926 e 1931 na Alemanha. Elas foram tomadas nas pausas de um trabalho cansativo sem que aquele que as compôs tivesse tomado o tempo de apurá-las. Por isso elas guardam tão pouca ordem. Contêm muitas repetições e também algumas contradições. É verdade que o domínio de seus temas não é desprovido de toda unidade. Elas sempre voltam a tratar criticamente dos conceitos de metafísica, caráter, moral, personalidade e valor do ser humano, tal como esses conceitos tinham validade nesse período do capitalismo.

Como pertencem ao tempo anterior à vitória definitiva do nacional-socialismo, elas dizem respeito a um mundo hoje já ultrapassado. Problemas como o da política cultural da social--democracia, o da literatura burguesa simpatizante da revolução ou o do tratamento acadêmico do marxismo constituem uma atmosfera espiritual que agora se extinguiu. Que ao menos então as intuições do autor, individualista em seu modo de vida, não sejam totalmente sem significado.

Alemanha, fevereiro de 1933

Crepúsculo

Quanto mais ocas se encontram as ideologias necessárias, mais cruéis são os meios com os quais se faz necessário preservá-las. O grau de fervor e horror com o qual os ídolos abalados são defendidos mostra o quão longe o crepúsculo já avançou. Com a grande indústria, o entendimento das massas cresceu tanto na Europa que os mais sagrados bens precisam ser dele resguardados. Quem os defende bem já fez sua carreira. Pobre daquele que diz a verdade com palavras simples: além da estultificação geral, levada a cabo sistematicamente, também a ameaça da ruína econômica, do ostracismo social, do cárcere e da morte impede que o entendimento atente contra os mais altos meios conceituais de dominação. O imperialismo dos grandes Estados europeus não tem nenhum motivo para ter inveja da Idade Média por suas estacas; seus símbolos são protegidos por aparatos mais refinados e por guardas mais terrivelmente armados do que os santos da Igreja medieval. Os opositores da Inquisição fizeram daquele crepúsculo o amanhecer de um novo dia. Tampouco o crepúsculo do capitalismo precisa dar início à noite da humanidade, que parece de fato ameaçá-la.

Monadologia

Um filósofo comparou certa vez a alma a uma casa sem janelas. Os homens lidam uns com os outros, conversam, fazem negócios, perseguem-se uns aos outros, mas sem que um veja o outro. O filósofo explicou então as representações que os homens fazem uns dos outros pelo fato de que Deus teria posto na alma de cada indivíduo uma imagem dos outros, uma imagem que, sem a superveniência de impressões exteriores, se desenvolveria ao longo da vida até a consciência plena do ser humano e do mundo. O saber que os humanos têm uns dos outros não me parece vir de Deus. Acredito, antes, que aquelas casas possuem, sim, janelas, mas janelas tais que deixam penetrar em seu interior apenas um recorte pequeno e distorcido dos acontecimentos de fora.

O momento da distorção consiste menos nas particularidades dos órgãos dos sentidos que na atitude espiritual inquieta ou serena, amedrontada ou ameaçadora, curvada ou altiva, saciada ou ansiante, embotada ou desperta, que constitui em nossa vida a cada vez o fundamento sobre o qual se desenham todas as nossas vivências e que lhes dá seu caráter determinante. Além da coerção imediatamente atuante do destino exterior, também a possibilidade da compreensão mútua entre as pessoas depende desse fundamento. Duas imagens podem contar como emblema do grau geral de compreensão mútua na sociedade capitalista: a criança que, aborrecida por ter sido levada embora da brincadeira com seus camaradas, vai visitar

Crepúsculo – Notas alemãs (1926-1931)

seu tio doente; o príncipe de Gales, que, dirigindo um conversível, passa diante de uma senhora idosa.

Conheço apenas uma espécie de rajada de vento capaz de abrir as janelas das casas: o sofrimento em comum.

Roleta

Os sistemas são para os pequenos. Os grandes têm a intuição; apostam nos números que lhes vêm à cabeça. Quanto maior o capital, maior a chance de compensar intuições malogradas com novas intuições. Aos ricos nunca pode suceder pararem de jogar porque o dinheiro se esgotou e justamente, ao irem embora, ouvirem que, agora que já não podem mais apostar, seu número foi sorteado. Suas intuições são mais confiáveis que os laboriosos cálculos dos pobres, que fracassam sempre por não poderem colocá-los à prova em detalhes e até o fim.

Conceitos desonrados

Um intelectual respeitado, simpatizante do socialismo, escutava numa mesa-redonda científica um participante falar sem inibições sobre o que é o humano. O intelectual logo enrubesceu em um nobre arrebatamento e repreendeu o participante ingênuo: o conceito de humanidade teria sido esvaziado e privado de todo conteúdo pela mais nefasta práxis capitalista, que teria se valido do conceito por séculos para encobrir-se. Pessoas decentes já não poderiam utilizá-lo a sério, elas teriam deixado de levá-lo à boca. Pensei: "Um intelectual radical! Porém... que designações poderemos então ainda usar para o que é bom?

Não estão todas igualmente esvaziadas pela má práxis do uso para o encobrimento, assim como a expressão 'humanidade'?".

Algumas semanas mais tarde foi publicado um livro daquele intelectual sobre a efetividade do cristianismo. De início me surpreendi, mas depois pensei: não era a palavra que ele havia rechaçado, e sim a coisa.

Possibilidades ilimitadas

O século XX é a época das possibilidades ilimitadas. As realizações da técnica aumentam diariamente. Capacidades que há pouco provocavam admiração como coisas anormais agora se encontram abaixo da média. Também as forças produtivas humanas excedem a si próprias. Em cem anos, a habilidade do trabalhador cresceu acima de todas as expectativas, o dispêndio médio de energia, a precisão temporal e a resistência do indivíduo se multiplicaram – não apenas na indústria, mas em todos os âmbitos. Performances virtuosas no violoncelo, antes executadas apenas pelos maiores artistas e que raiavam ao miraculoso, fazem parte hoje das capacidades estabelecidas de todo estudante ao sair do conservatório. Os apogeus atingidos no passado são superados não apenas no esporte, mas provavelmente também na escrita de versos. O compositor joga de modo irônico com melodias que teriam constituído o clímax de uma sinfonia antiga. Ford faz em um dia 9 mil automóveis, e crianças os dirigem no trânsito de Nova York. O descomunal se tornou cotidiano. Por séculos falou-se com horror da Noite de São Bartolomeu, e o martírio de uma única pessoa forma o objeto de uma inteira religião. Hoje, as noites de São Bartolomeu do imperialismo e o heroísmo do indivíduo que resiste

Crepúsculo – Notas alemãs (1926-1931)

a elas pertencem ao cotidiano e são relatados pela imprensa na seção de assuntos diversos. Há tantos Sócrates, Thomas Müntzers e Giordanos Brunos que seus nomes se perdem nos periódicos locais. Só por um Jesus de Nazaré os ânimos praticamente não se exaltariam em particular. "Jerusalém, dia tal: o líder do levante sobre o qual relatamos há alguns dias foi hoje condenado à morte e imediatamente executado." É verdade que há pessoas que derramam lágrimas no cinema por *Sunny Boy*, e isso no mesmo momento em que, servindo aos próprios interesses delas enquanto proprietárias, homens reais são torturados lentamente até a morte apenas porque estão sob a suspeita de lutar pela libertação da humanidade. A fotografia, a telegrafia e o rádio tornaram o longe perto. A miséria de todo o planeta Terra se passa diante dos habitantes das cidades. Alguém poderia dizer que isso os incitaria agora a acabar com ela; ao mesmo tempo, porém, o perto se transformou em longe, pois agora o horror da própria cidade se perde no sofrimento geral, e as pessoas se ocupam dos problemas matrimoniais das estrelas de cinema. O passado é superado pelo presente em todos os aspectos.

As mãos que traem

Nas ceias de Ano-Novo em restaurantes finos e nos melhores hotéis, costuma reinar entre os convidados um sentimento de pertencimento comum, intimidade e camaradagem. Elas lembram, apesar da ocasião simples, a harmonia dos ânimos que se encontra em catástrofes naturais, dias de celebração nacional, acidentes e desgraças, na irrupção da Guerra Mundial, da obtenção de recordes esportivos etc. O início do novo ano é concebido como algo universalmente humano, como os acontecimentos majestáticos nos quais se é novamente revelado que as diferenças entre os homens, sobretudo entre ricos e pobres, na realidade não têm qualquer importância. É verdade que a mistura, que nessa noite era em todo caso atenuada pela diferença dos preços das distintas casas recreativas, experimenta ainda mais uma limitação em razão da presença do garçom; no conjunto, todavia, reina *um* espírito acolhedor, e à meia-noite se sentem todos ligados por uma significativa excitação.

É bem nessa hora, quando a alegria atinge seu auge, que uma pequena funcionária que havia sido convidada por seu amigo importante derrama vinho em seu vestido. Enquanto o rosto reluzia em entusiasmo e a alegria de todos nele se refletia, as mãos não paravam de limpar as manchas. Essas mãos isoladas traíam a inteira sociedade festiva.

Conversações filosóficas de salão

O domínio do conhecimento possível não tem limites. As pessoas que se ocupam da verdade pela própria verdade são capazes de dissipar facilmente nossa admiração por seus estranhos e rebuscados temas de pesquisa. Tudo pode se tornar importante de algum ponto de vista. Entretanto, nas conversações eruditas na alta sociedade, com frequência interessa-me muito mais a causa da pomposidade que o problema debatido. Descobri, assim, que é preciso explicar uma boa parte das discussões principalmente a partir da concorrência pessoal e do afã publicitário dos acadêmicos que tomavam parte. Eles querem mostrar o quão aptos são para sua tarefa de nos distrair dos problemas reais por meio da educação em métodos

Crepúsculo – Notas alemãs (1926-1931)

de pensamento obscurecedores e pela introdução de questões remotas. Por isso, nessas conversações, o importante é muito mais a mera habilidade obtida pela prática, o "nível", do que o conteúdo. Não é raro que a pura complicação e o obscurecimento da realidade por modos confusos de se expressar já apareçam como portadores de grande mérito.

O habitual é que a razão do interesse no problema em particular não seja em nenhum momento indicada. De algum ponto de vista, como dito, tudo pode se tornar importante; e, no mais, cada um dos debatedores costuma ter em vista algo totalmente distinto dos demais, no que diz respeito não apenas à importância especial do tema em tela, mas também aos nomes e conceitos que aparecem na conversação. Basta que cada um se saia bem para si mesmo e termine esse combate sem derramamento de sangue mostrando-se particularmente inteligente e talentoso. Às vezes, principalmente quando pessoas leigas e ricas estão presentes, tais conversas espirituosas lembram torneios medievais, salvo que os contendores não se submetem a eles diretamente a serviço e para a glória de belas damas, mas sim como teste de aptidão para uma boa carreira.

A parcialidade da lógica

Quem constata com palavras secas um mal, uma injustiça ou uma crueldade qualquer pertencente a esta ordem social muitas vezes ouve em resposta que não se deve generalizar. Contraexemplos lhe são indicados.

Porém, justamente aqui o método dos contraexemplos é logicamente improcedente. É verdade que a afirmação de que em algum lugar há justiça pode ser contestada pela comprovação de um contraexemplo único, mas não o contrário. A acusação de que uma penitenciária foi transformada em um inferno por seu diretor tirânico não pode de modo algum ser invalidada por alguns exemplos de decência, mas a administração de um bom diretor é refutada por um caso isolado de crueldade.

A lógica não é independente do conteúdo. Em vista do fato de que na realidade aquilo que é fácil para a parte privilegiada da humanidade é inalcançável para a outra, uma lógica imparcial seria tão parcial quanto o código legal que vale igualmente para todos.

Caráter e ascensão social

Muitos reconhecerão o fato de que, nesta sociedade, são os mais atrozes que se encontram no topo. É demasiado manifesto que se mantêm lá em cima justamente aqueles senhores de quem as hecatombes do material humano atrofiado e asfixiado pela miséria, como produto regular de sua existência, mal são capazes de arrancar uma mentira superficial ou uma justificativa hipócrita sobre a "necessidade" da miséria incessante. Imagine que qualidades humanas devem ser decisivas numa competição na qual os que têm êxito parecem assim!

Mas o olhar que ainda é capaz de distinguir as condições nos níveis mais elevados da hierarquia social costuma perder a acuidade quando se volta para sua própria esfera. Assume-se tacitamente que, à medida que diminui a quantidade de bens, aumenta a qualidade moral (ou ao menos abranda-se a baixeza) daqueles que os disputam. Porém, a economia capitalista é organizada de tal modo que a afinidade com a constituição psíquica dos que ocupam o topo garante, de fato, as maiores

Crepúsculo – Notas alemãs (1926-1931)

oportunidades em cada nível. Mais correta ainda do que aquela crença do pequeno empresário em favor de sua própria moral seria a opinião oposta. Enquanto lá em cima a relação entre a pessoa que explora e a atividade de exploração é extremamente mediada, nos andares de baixo as qualidades inumanas se expressam necessariamente de modo imediato nas pessoas. Um milionário ou mesmo sua esposa podem proporcionar a si mesmos um caráter bastante correto e nobre, podem desenvolver todas as características admiráveis possíveis. Quanto maior a empresa, mais ela permite, sem deixar de ser rentável, até mesmo um certo espaço para medidas "favoráveis ao trabalhador" e humanas (comparadas ao comportamento dos companheiros do mesmo setor). Também aqui o pequeno fabricante se encontra em desvantagem. Para poder continuar existindo, nele já são necessários traços pessoais de um caráter explorador. Essa desvantagem "moral" cresce quanto mais se desce na hierarquia do processo de produção. Na concorrência dos contramestres entre si, é aquele que tem menos inibições morais, em alguns casos simplesmente o mais brutal, que com o tempo será o vencedor, ou seja, que pode ser promovido. As pessoas pensam que as finas mãos do ministro que assina uma regulamentação menor sobre execução penal ainda podem pertencer a um "bom coração" e olham para os servidores do presídio que aplicam aquela regulamentação.

Não, a redução da quantidade de males que podem ser provocados por alguém não se converte numa melhor qualidade do caráter. Aqueles que se dão bem nos níveis mais baixos se mostram, na mesma ordem moral, tão aptos quanto magnatas dos trustes, mais afortunados. Mesmo dos inaptos e dos que vão à ruína não se pode ainda dizer que fracassaram por terem apresentado maior ternura, embora para eles ao menos a questão se coloque. No todo, pode-se dizer que, apesar de existirem algumas esferas sociais acima do proletariado nas quais uma certa decência pode se manter com a cabeça fora d'água provisoriamente por algum tempo, a ascensão social constitui certamente um mau sinal sobre o escrúpulo moral.

Violência e harmonia

A recusa do emprego da violência é mais pura que a tentativa de abolir a violência pela violência. O pacifista é mais seguro de si mesmo, e, quando ele próprio a experimenta, a violência que ele abominou não o refutará. Sua vida é mais harmônica que a do revolucionário e, em algumas situações miseráveis, ele pode aparecer para este como uma luz no inferno. Que visão: o homem da violência, vencido por seu opositor, jaz impotente no solo e é agora, assim como os que ele conduzia, um pobre objeto da violência alheia; e o anjo para quem a violência sempre foi em si algo ruim está lá pronto para prestar-lhe ajuda, uma vez que seu princípio o protegeu! Mas como, se a humanidade estaria ainda enfiada cada vez mais fundo na barbárie não fosse por aqueles que em todas as épocas se libertaram por meios violentos? Como, se talvez não se precise da violência? Como, se talvez compremos nossa "harmonia" com a renúncia ao que de fato e ativamente poderia ajudar? Essa questão acaba com o sossego.

Todo começo é difícil

Todo começo é difícil, e como à maioria dos homens só é dada, quando muito, por uma única vez a perspectiva de

Crepúsculo – Notas alemãs (1926-1931)

conseguir uma melhor condição de vida, a oportunidade de um começo, então eles acabam aproveitando-a mal e ficam estancados em sua miséria. Quem chega a um salão sem ter dele o hábito se comporta de modo desajeitado, e ai de quem ainda dê a parecer que está ávido de estar ali. A liberdade, o ar de trivialidade e a "naturalidade" que tornam uma pessoa simpática num círculo da alta sociedade são um efeito da consciência de si; é de hábito que a tenha apenas quem sempre já esteve lá e pode estar certo de continuar a estar. A grande burguesia reconhece em cada palavra as pessoas com as quais gosta de lidar, as pessoas "gentis".

Todo começo é difícil. Quando é dada ao aprendiz uma tarefa que ele já assistiu cem vezes como ajudante, mesmo assim ele a executa errado, a não ser que a identificação com os adultos lhe esteja no sangue, assim como no do impostor de talento está a identificação com a alta sociedade. Se é chamado um de baixo para fazer o que fazem os de cima, mostra-se facilmente que ele fracassa. Assim, a hierarquia já existente volta sempre a ser confirmada. O dependente não tem talento. Isso ainda se complica pelo fato de que, com a idade, o começo fica cada vez mais difícil e aqueles que não nasceram já em uma situação afortunada ou não chegaram a ela ainda jovens permanecem arruinados pelo resto da vida. Os *self-made men* apenas comprovam a regra. Mesmo estes, porém, se tornam cada vez mais raros, pois o começo se torna cada vez mais difícil do que já era antes.

De dentro para fora

A criança de família burguesa não faz qualquer experiência de sua condicionalidade e mutabilidade. Ela aceita suas condições como naturais, necessárias e eternas, ela "fetichiza" a configuração da família na qual é criada. A ela escapa, por isso, algo essencial sobre sua própria existência.

Algo semelhante vale para as pessoas que se encontram em relações estáveis na sociedade. Se determinadas camadas proletárias – elas não são tão grandes quanto se está inclinado a crer – são capazes, em razão da teoria socialista, de compreender a condicionalidade de sua relação com os empresários, no interior de sua própria classe, porém, elas aceitam as relações como naturais e evidentes. No entanto, essas relações também são constituídas por categorias sociais transitórias, o que fica totalmente claro assim que se põem realmente os pés para fora delas. Naturalmente, para isso não basta apenas uma decisão pessoal, tampouco a mera reflexão. Em vez disso, é necessário um rebaixamento decisivo da situação social de uma pessoa, que ela seja lançada para fora de toda espécie de proteção e segurança social e humana, para que lhe venha à consciência um lugar relativamente exterior às condições econômico-sociais fundamentais. Só então essa existência pode perder a crença na naturalidade de suas condições e descobrir o quanto de elementos socialmente condicionados estava ainda contido no amor, na amizade, no respeito e na solidariedade de que se desfrutava. São necessários determinados acontecimentos que transformem a vida de alguém de tal modo que já não seja possível consertá-la. O trabalhador pego por seus camaradas roubando, o servidor respeitado que se descobriu desviar dinheiro público, a moça bonita que contraiu varíola e não tem um dote suficiente para tornar invisíveis as cicatrizes ou o magnata do truste que encara a bancarrota ou o leito de morte, estes podem talvez lançar um olhar sem mácula àquilo que antes lhes era óbvio. Eles estão a ponto de cruzar a fronteira.

Crepúsculo – Notas alemãs (1926-1931)

Tempo é dinheiro

Como se fosse indiferente o sujeito de quem se trata! Seja o meu tempo ou o seu, o tempo do senhor Krupp[*] ou o de um desempregado: ele é dinheiro. Também nada se diz sobre de quem é o dinheiro ou de quanto dinheiro se trata, na medida em que é claro, por exemplo, que a perda de tempo do senhor Krupp custa o seu próprio dinheiro, e a perda de tempo do trabalhador... também o seu próprio dinheiro, o próprio dinheiro do senhor Krupp.

Alguém poderia aqui levantar a objeção: se um trabalhador das usinas de Krupp desperdiça tempo, isso não custa o dinheiro de Krupp, mas o trabalhador é mandado para a rua e experimenta em si mesmo o quão correta em geral é a sentença *time is money*. *Em primeiro lugar*, porém, essa objeção só vale se se contrasta esse único trabalhador com todos os demais (uma diminuição geral da velocidade de trabalho de todos os trabalhadores necessariamente reduziria o lucro de Krupp). *Em segundo lugar*, a primeira diminuição da velocidade, em razão da qual o trabalhador individual é mandado embora, significa de início uma perda para a usina, e justamente o caráter infinitamente pequeno, a irrelevância dessa perda para Krupp (comparada com as consequências para o trabalhador) seria um tema proveitoso para um tratado filosófico. *Em terceiro lugar*, a objeção retorce o sentido da expressão. Originalmente, ela

---

[*] Gustav Krupp, então diretor do grupo industrial siderúrgico e bélico Friedrich Krupp AG. A família von Essenbeck, retratada no filme de 1969 *Os deuses malditos* (*La caduta degli dei*), de Luchino Visconti, alude à história real da dinastia familiar Krupp. (N. T.)

significa: cada minuto lhe pode ser produtivo, portanto seria tolo perder um só que fosse. Agora, ela quer dizer: se você não se esfolar de trabalhar, morrerá de fome. Esses dois sentidos se aplicam a duas classes distintas, mas ambos encontram seu lugar debaixo das asas do provérbio: tanto a maldição sob a qual vive o trabalhador quanto o estímulo para o capitalista.

"Tempo é dinheiro" – impõe-se então a questão sobre qual é o critério para se dizer quanto dinheiro vale determinado tempo. Como subsídio para se encontrar um tal critério, talvez a seguinte consideração pudesse ser oportuna. Um trabalhador que alugasse um automóvel para chegar pela manhã pontualmente ao local de trabalho seria tolo (compare os custos da viagem com seu salário diário), um desempregado que tivesse cinco marcos no bolso e utilizasse um carro para poupar tempo seria insensato, mas a um gerente de médio escalão começaria a parecer faltar talento se ele não realizasse suas visitas de carro. Um minuto na vida de um desempregado tem um valor diferente do minuto do gerente. Pode ser recomendável calcular quantas centenas de vidas de trabalhadores juntas dariam o valor de um dia de um banqueiro menor. Tempo é dinheiro – mas quanto vale o tempo de uma vida da maior parte dos seres humanos?

Se já não temos escrúpulos de tagarelar em termos tão gerais quanto nos provérbios, então não é o tempo que é dinheiro, mas o dinheiro que é tempo, assim como é saúde, felicidade, amor, inteligência, honra, tranquilidade. Pois então é mentira que quem tem tempo também tem dinheiro. Com o mero tempo não é possível conseguir dinheiro, mas o inverso é, sim, verdade.

Crepúsculo – Notas alemãs (1926-1931)

Contradição

A Terra é grande, grande demais para um chinês faminto chegar até onde há algo para comer, grande demais para um trabalhador rural alemão pagar a passagem até onde encontraria um trabalho melhor.

A Terra é pequena. Aquele que não ganha as graças dos poderosos dos países não encontra tampouco pátria, eles não lhe conferem o passaporte respeitado pelos seus funcionários. Se ele é pego vagando, à noite o expulsam para o outro lado da fronteira, para países nos quais ele também não é bem-vindo. Em lugar nenhum ele encontra lugar. Quando pessoas de bem estão para passar por uma fronteira durante a noite, já antes, ao anoitecer, mostram ao fiscal do vagão-dormitório o bilhete e o passaporte e lhes exprimem o desejo legítimo de não serem despertadas na hora do controle. Deus os ama.

O porteiro do hotel

O homem jovem alugou um quarto, com sua namorada, em um hotel de luxo da metrópole. Estavam ambos vestidos magnificamente e dispunham de um automóvel de primeira linha. Ao se registrar, o jovem declarou que permaneceria por três semanas e entregou ao porteiro o comprovante de sua volumosa bagagem.

Os primeiros oito dias passaram maravilhosamente bem. O casal permanecia grande parte do tempo no quarto, fazia alguns passeios pelas redondezas e chamava pouca atenção. Até que o jovem cometeu um erro: deu ao porteiro uma gorjeta desproporcionalmente alta por um serviço simples. O porteiro ficou desconfiado, foi atrás da coisa e descobriu os fatos. O jovem estava sendo procurado por apropriação indébita. Na mesma tarde ele foi detido.

No hotel circulavam príncipes e milionários, e o porteiro ocupava o posto havia muitos anos. Tanto aqueles quanto este sabiam a medida correta. A diligência do porteiro, que na verdade era apenas sua rotina, não pareceu ao jovem tão óbvia quanto o era para um genuíno membro da classe dominante. Ele ainda não estava acostumado à profusão de deferências, gentilezas e zelos que os privilegiados experimentam por onde quer que passem nessa sociedade, de resto, tão abominável. Ele traiu a si mesmo pelo impulso de gratidão e pelo pouco respeito pelo dinheiro miúdo, que mesmo o mais generoso dos ricos sabe demonstrar. A psicologia ainda não esclareceu como um tal respeito se produz na vida de um indivíduo. Seguramente, ele representa uma sabedoria do espírito objetivo. Ele opera como uma convenção secreta dos dominantes para demonstrar a justiça de seu sistema (no qual aquele pouco que frequentemente é tão decisivo na vida do pobre não tem, para eles próprios, importância nenhuma) através do fato de que, perante o pobre, eles consideram sagrado justamente aquele valor que para eles é insignificante, justamente aquele dinheiro miúdo de gorjeta. A convenção ainda não estava no sangue do jovem. "Tem algo errado aqui", pensou o porteiro, e tinha razão.

É difícil prever a marcha da economia capitalista no que diz respeito à cotação das ações. O modo como ela atua na alma humana, no entanto, pode ser calculado com precisão. Um porteiro de hotel quase nunca se engana. Mas é fato que, com sua perspicácia, ele desmascara menos a desonestidade do hóspede do que a honestidade do hotel.

Crepúsculo – Notas alemãs (1926-1931)

Observação: em Monte Carlo, quando um apostador rico examina se deve ficar mais um minuto no jogo, isso decide sobre o ganho ou a perda de muitos milhares de francos. Eles não precisam significar nada para ele. É a ele indiferente se coloca outra vez algumas fichas de estampa dourada na mesa. O risco é de que não sobre tempo até a hora do jantar. Ao deixar o jogo, talvez ele ainda deixe mais uma ficha ou uma nota em outra mesa de jogo qualquer. Não tem problema se ele a perder, de certo modo ela é resto. Mas o serviçal que se agacha quando, no final, o apostador deixa cair uma ficha fica muito contente por ganhar um franco a mais. Será que ele agradeceria educadamente por um franco se lhe ficasse demonstrado o que significam mil francos na vida dos dominantes, se ele recebesse uma tal importância de gorjeta tão frequentemente quanto ela é apostada *à fonds perdu* na mesa de jogo? Isso não seria nem mesmo imaginável!

Aliás, com essa precaução automatizada ao menos alguma atenção é dada ao serviçal no salão de jogos. Ele avalia o capitalismo ainda hoje pela imagem daqueles apostadores e acredita, no fim, que alguma vez todos eles precisarão perder seu dinheiro no jogo. Mas o senhor que prefere fazer o esforço de buscar um franco na carteira a deixar para o serviçal a ficha excedente toma-o como representante da classe inferior e evita corrompê-lo. Os que não evitam não são confiáveis. Eles merecem a desconfiança.

Educação e moral

Frequentemente qualidades moralmente ruins podem ser simplesmente atribuídas ao fato de que alguém não aprendeu a satisfazer seu desejo de maneira social. A obstinação e o arraigamento do caráter ruim, em que pesem os esforços afetuosos dos outros, aparecem então como consequências do fato de que ele também não aprendeu a aprender, ou seja, não é capaz de ter nenhum prazer em aprender. Essa falha educacional, assim como outras, obviamente se encontra com mais frequência nas classes mais baixas do que nas mais altas; até aqui as mais baixas saem em desvantagem. A compreensão dessa conexão destrói a vontade de se vingar das pessoas más.

Perigos da terminologia

Numa visita a um manicômio, a horrível impressão que um leigo tem de alguém em um acesso de fúria é tranquilizada pela constatação objetiva do médico de que aquele paciente se encontra em um "estado de excitação". Em razão da classificação científica, o pavor sobre o fato de certo modo recebe a pecha de inoportuno. "Ora, trata-se apenas de um estado de excitação." Do mesmo modo, quando um mal em geral é constatado, muitas pessoas se tranquilizam se têm uma teoria que o absorva. Penso aqui também em muitos marxistas, que, quando deparam com a miséria, procedem rapidamente à sua dedução. Também com a conceituação podemos ir rápido demais.

Categorias do sepultamento

Tão logo a teoria de um homem genial obtenha poder e influência suficientes para fazer com que obrigatoriamente falem dela, começa o trabalho de sua acomodação ao existente. Entre outros, uma porção de especialistas se põe a conformar

Crepúsculo – Notas alemãs (1926-1931)

as novas ideias em harmonia com as suas próprias intenções teóricas, enredando em suas exposições os conceitos da teoria revolucionária como se isso fosse óbvio e colocando-os a serviço de suas aspirações ideológicas. Surge assim a impressão de que o que há de positivo e útil já estaria assumido por aqueles pensadores avançados e neles mais bem conservado que no autor da nova teoria ou em seus verdadeiros discípulos.

Por outro lado, nas posições dos assim chamados "ortodoxos", que repetem a teoria de modo bitolado, a doutrina do mestre perde seu sentido original, pois o restante do mundo espiritual segue em progressiva transformação. Os enunciados teóricos retidos de modo rígido podem se tornar distorcidos, equivocados ou simplesmente desimportantes se a realidade e, com ela, o nível geral do conhecimento, se estruturar de outro modo.

Porém, a forma preferida hoje para tornar inofensiva uma teoria não é tanto mais a ortodoxia, e sim aquela adoção alegre e leviana de suas categorias em um contexto que vai completamente de encontro ao autor. Diferentemente do autor, a quem se manifesta um respeito formal (principalmente se ele já faleceu), os ortodoxos que, em todo caso, aspiram a conservar com cuidado as ideias são desprezados como espíritos estéreis e miseráveis.

Um respeito maior é demonstrado, então, à pessoa do criador do que ao conteúdo de seu pensamento. Isso vem à luz de modo particularmente flagrante na atitude em relação aos revolucionários pioneiros do espírito burguês. O nome daqueles que abriram caminho para a ordem burguesa com sua luta contra a Idade Média dentro da cabeça das pessoas e que, mesmo depois da vitória dessa ordem, indiferentes aos novos desejos da burguesia que ascendera economicamente ao poder, aspiraram servir até ainda mais longe à libertação espiritual e à verdade, recebeu uma glória grande demais para que sobre eles se silenciasse. Podem-se assim considerar Voltaire, Rousseau, Lessing, Kant e seus sucessores até a literatura e a ciência modernas adentro como grandes cabeças, pensadores profundos e espíritos brilhantes, mas suas convicções fundamentais, os impulsos e motivos que os animavam, o sentido de suas doutrinas e sua irreconciliabilidade com a injustiça dominante são denegados e ridicularizados, declarados pobres, superficiais e unilaterais e, quando a coisa fica séria, são perseguidos e extirpados onde quer que se os encontre. Se a Idade Média baniu para o inferno os autores mortos portadores de opiniões hereges, o capitalismo, em seu ponto alto, é nisso mais tolerante: ele eleva aos céus a grandeza, a produtividade, a personalidade e a potência em si mesmas, mas rechaça o que elas produzem. Ele idealiza as qualidades puras. Os retratos dos filósofos e literatos, cujos verdadeiros herdeiros são ridicularizados e acossados pela burguesia, encontram lugar em sua galeria de honra.

O visitante do Panteão de Paris pode se surpreender ao ver recebendo honras, ao mesmo tempo, os combatentes da liberdade e os líderes da reação. Parece escárnio celebrar os manes* daquele que estigmatizou a falsa adoração a Joana d'Arc na mesma sala cujas paredes são dedicadas a sua hagiografia. Celebram-se a superstição e, ao mesmo tempo, aqueles que quiseram nos livrar dela. Se protestássemos, os representantes do espírito dominante nos esclareceriam que Voltaire e a santificação de

---

* As almas dos ancestrais falecidos que recebiam *status* de divindade para os romanos e, por extensão de sentido, as almas dos mortos em geral. (N. T.)

Crepúsculo – Notas alemãs (1926-1931)

Joana d'Arc, Robespierre e Chateaubriand podem muito bem ser compatíveis. O formalismo do pensamento contemporâneo, seu relativismo e seu historicismo, seu ajuste à consciência dominante, que assimila e se põe à frente de cada grande ideia tão logo ela aparece, a objetificação de toda vida como capítulo da história e da sociologia nos acostumaram a tal ponto a tomar os conteúdos apenas ainda *ad notam** em vez de levá-los a sério que todos eles se compatibilizam com as condições atuais, isto é, com a ideologia capitalista.

Há em nossos dias um tipo de escritor prolixo e absolutamente incapaz de compreensão histórica que, com uma diligência cômica, escreve livros em formato agradável de manusear sobre Bismarck e Napoleão, Guilherme II e Jesus de Nazaré e que crê compreender todos eles melhor do que eles mesmos se compreenderam. Ele se impõe a eles do mesmo modo como, ao cabo, o coveiro se impõe a todas as pessoas. Aquilo que sucede à maioria das pessoas desde o momento em que expiram no leito até jazerem na sepultura tem pouca relação com as diferenças de suas existências. As categorias do sepultamento não são muito numerosas. As pessoas com os mais distintos caráteres e objetivos, com as mais distintas vidas, são, na morte, objeto de um procedimento primitivo. Nos livros daquele escritor, não se dá mais muita importância ao distinto sentido da vida da pessoa de que ele trata. Os fatos, isto é, os acontecimentos cuja relação com a vida de seus heróis ele justamente ainda constata, são apresentados de modo complacente, mas as categorias do sepultamento tampouco aqui são numerosas. Para o escritor, Napoleão e Bismarck são *grandes* homens tanto

---

* Como algo de que apenas se toma nota, se registra. (N. T.)

quanto, para o coveiro, Karl Marx e Mister Miller são homens *mortos*. Eles se tornam objeto dos procedimentos de sepultamento. O presente triunfa.

Destino justo

A ideia de que cada um é merecedor de seu destino, que aparece sob distintas formas filosóficas e não filosóficas, inclui a afirmação não apenas da clarividência da natureza cega, mas também da justiça do sistema econômico presente.

*"A mão que a vassoura aos sábados carrega /
é a que, domingo, há de melhor acariciar-te."**

Como aqueles tempos ficaram para trás! Tão distantes que, segundo nossa consciência educada em termos psicológicos, a motivação do lorde que esposa a camareira consiste menos na magnanimidade do que em um sentimento neurótico de culpa. Puros são tais atos apenas ainda em filmes ruins. Porém, não apenas ao casamento, mas nem mesmo à "carícia" da criada se entrega hoje ninguém que se preze. A burguesia se tornou exigente, e ela reclama das mulheres com as quais se dorme que elas — no exato sentido da expressão: da cabeça aos pés** — tenham se tornado mercadoria de luxo. O rebaixamento das camadas sociais inferiores atinge, por certo, também a valoração erótica.

---

* Versos de *Fausto*, de Goethe, citados aqui segundo a tradução brasileira de Jenny Klabin Segall. (N. T.)

** No original, a expressão idiomática "mit Haut und Haare", literalmente "com a pele e os cabelos", cujo significado é "completamente", "inteiramente". (N. T.)

Crepúsculo – Notas alemãs (1926-1931)

Correspondentemente, no caso do homem a posição econômica é um elemento da potência erótica. Um homem que, nessa sociedade, não seja nada, não tenha nada, não possa nada, não se torne nada e não incorpore nenhuma oportunidade real não tem também nenhum valor erótico. A força econômica pode realmente substituir a sexual. A moça bonita com o homem velho só cai no ridículo se ele não possui nada. Com a consolidação da aristocracia operária e da uniformidade da sociedade, talvez esse limite se desloque ainda mais para baixo, mas, quanto mais o fizer, mais fatídico será.

Bridge

Uma partida de bridge entre indivíduos da alta burguesia deixa perplexo o leigo. Com razão, ele admira as qualidades da classe que ali se manifestam: a seriedade, a segurança, a liberdade, a superioridade técnica, a agilidade das decisões. Ele admira, outra vez com razão, o mecanismo que funciona maravilhosamente por força do qual os mesmos homens inteligentes, educados e seguros dizem as mais lamentáveis asneiras tão logo a conversa muda para questões socialmente relevantes. Em nome de sua boa consciência, sua argúcia consegue se transformar em burrice. Eles sabem viver em harmonia.

Cegueira para valores

Foi com o champanhe que aprendi o significado do sentido inato para as diferenças de valor estético. Quando era criança, numa ocasião festiva, recebi meia taça, que deveria ser bebida respeitosamente. Não achei nada de especial, nem eu, nem a criada doméstica que de costume se deixava brindar conosco. Faltava-me a compreensão; até que um dia, durante uma longa refeição, sem que eu estivesse particularmente atento, matei minha sede com o champanhe; foi quando descobri o que ele tinha de especialmente atrativo. A criada doméstica, por sua vez, certamente permaneceu cega a seu valor.

Limites da liberdade

Assim como a estrutura da sociedade capitalista se transforma continuamente sem que os fundamentos dessa sociedade, a relação capitalista, sejam violados, também a superestrutura cultural se encontra em permanente mudança enquanto, contudo, determinados elementos centrais continuam a existir sem modificações essenciais. Permite-se, assim, uma crítica relativamente radical às mutáveis concepções sobre a natureza, o direito, o ser humano e a sociedade, e, se ela estiver desatualizada, o crítico se expõe apenas à reprovação de ignorância ou de excentricidade. Por sua vez, são tabus aquelas ideias que, em razão de seu papel quase insubstituível na economia psíquica do indivíduo, constituem um componente importante do aparato de poder da classe dominante. Uma comparação superficial da seriedade dirigida na educação popular à crença em um poder supraterreno e ao amor à pátria com a formação de outras forças espirituais, digamos, a de a um rigoroso senso para a verdade e a justiça, faz que reconheçamos de imediato a diferença mencionada. *In puncto** povo e religião, não se admitem gracejos. Por isso, enquanto cidadão de um país (até

---

* "Em matéria de". (N. T.)

Crepúsculo – Notas alemãs (1926-1931)

segunda ordem) liberal, você pode, sem riscos sérios, debater com assentimento a teoria econômica do marxismo. Você pode tratar desrespeitosamente os mais célebres eruditos e inclusive os políticos e os grandes industriais, mas na primeira consideração realmente desrespeitosa sobre Deus mesmo ou sobre a pátria alemã e o campo de honra onde as massas devem estar dispostas a cair em batalha, você vai experimentar logo em si mesmo o interesse imediato que o capitalismo possui na intangibilidade desses conceitos. Na Alemanha no século passado, o ateísmo, desde que permanecesse dentro de certos limites, foi quase permitido. Isso estava relacionado ainda às lutas contra o feudalismo e à segurança de si dada pela ascensão; a permissão nunca foi completamente universal e foi revogada rapidamente. Hoje, na indignação sobre o "esclarecimento baixo" com a qual todos os escritos sérios de crítica da religião se defrontam, já se encontra a ameaça do espancamento ou da morte violenta que esperam oportunamente o inimigo das mentiras religiosas e nacionais. Entre ambos há uma escala cheia de nuances de punições jurídicas e não jurídicas para o pecador que atenta contra os mais sagrados bens.

Com a guerra perdida na qual milhões de pessoas foram sacrificadas aos interesses nus e crus do capital e nenhuma das promessas feitas aos heróis e aos sobreviventes foi mantida, deveríamos esperar que as massas tivessem aprendido com a experiência daquele tempo de mentira e assassinato, mas parece que quem aprendeu foram os senhores: eles perseguem hoje com o fogo e a espada tudo o que poderia, mesmo que de longe, comprometer a prontidão das massas para uma nova guerra, para uma nova sangria. Nessa perseguição, na repressão sem escrúpulos dos conhecimentos decisivos, os capitalistas de toda espécie estão verdadeiramente unidos, e ela constitui uma solidariedade de classe, o grande laço cultural. Nas oficinas das fábricas, nas minas, nos escritórios, o que impele os proletários é já a fome; para que eles se deixem mutilar, metralhar e envenenar nos campos de batalha, é necessária uma empolgação latente que não pode ser mantida de pé sem os conceitos fetichizados e enredados de povo e igreja. Eles são um elemento imediato da existência do sistema, e quem contra eles atenta toca em seus fundamentos.

Um prêmio à vileza

O sistema capitalista em sua fase atual é a exploração organizada em escala mundial. Sua manutenção é condição de um sofrimento imensurável. Essa sociedade possui, na realidade, os meios humanos e técnicos para abolir a miséria em sua forma material mais grosseira. Não temos notícia de nenhuma época na qual tenha havido essa possibilidade em tal dimensão como hoje. Apenas a ordem posta pela propriedade se põe no caminho de sua realização, ou seja, a circunstância de que o monstruoso aparato produtivo da humanidade precise funcionar a serviço de uma pequena camada de exploradores. A ciência econômica oficial como um todo, as ciências do espírito e a filosofia, a escola, a igreja, a arte e a imprensa consideram uma tarefa central encobrir, minimizar, distorcer ou negar esse fato escandaloso. Quando ficamos espantados com o enorme reconhecimento social de alguma teoria qualquer abertamente falsa, ou, por exemplo, com o fato de que continua a existir um tal absurdo como o da historiografia corrente, e quando buscamos os fundamentos dessas coisas, então comumente se

Crepúsculo – Notas alemãs (1926-1931)

verifica que também a causa dessas manifestações menores do reacionarismo consiste em nos desviar daquela verdade.

A ideologia, porém, é um reflexo da base material. Se esta é caracterizada pelo fato da exploração que se tornou injustificável, então apenas aquele que colabora com a sua permanência pode esperar ser recompensado. As condições, no entanto, são muito enredadas. Mesmo que às custas de um sofrimento desnecessário, uma ordem social envelhecida e que se tornou má cumpre as funções de conservar e renovar a vida da humanidade em determinado nível. Sua existência é má porque uma existência melhor seria tecnicamente possível; ela é boa porque representa a forma real da atividade humana e inclui também os elementos de um futuro melhor. Resulta desse estado de coisas dialético que, por um lado, em um período como este, a luta contra o existente aparece ao mesmo tempo como luta contra o necessário e o útil, e que, por outro lado, o trabalho positivo no quadro do existente é ao mesmo tempo uma colaboração positiva com a perenização da ordem injusta. Uma vez que a má sociedade, mesmo que má, se encarrega dos negócios da humanidade, aquele que ameaça a sua continuidade age também imediatamente contra a humanidade, e o amigo da humanidade lhe aparece como inimigo. O lado mau não pode ser separado, na realidade, do lado bom; por isso a luta contra o que envelheceu precisa se manifestar também como luta contra o necessário, a vontade de instaurar um trabalho humanamente digno é forçada a emergir como greve, como obstrução, como luta contra o trabalho "positivo" e, inversamente, a recompensa por uma ação socialmente relevante precisa se apresentar como remuneração pela colaboração com essa ordem má. As condições são tão complicadas que até a fome dos párias indianos e os serviços dos *coolies* chineses se tornam fator de exploração dos trabalhadores têxteis ingleses; tão complicadas que o trabalho científico de Bacon e Galileu beneficia hoje a indústria bélica.

É verdade que se constituíram mecanismos finos para determinar qual trabalho tem um valor especial justamente para o fato da exploração, e a escala das recompensas corresponde, nesse estado invertido, menos ao valor real de uma realização para a existência da humanidade que à sua importância para a permanência do sistema. A circunstância de que o trabalho a serviço da classe dominante é, em regra, útil, não impede que também haja realizações que servem menos ou mesmo que não servem em absoluto à sociedade como um todo, mas sim, em vez disso, que servem principal ou exclusivamente à conservação da má sociedade. Na medida em que essa sociedade é ameaçada em sua forma atual, justamente essas realizações se encontram com cotação particularmente alta. Isso vale não apenas para as posições de comando dos verdadeiros aparatos repressivos e para os trabalhos ideológicos de grande estilo, para militares, policiais, igreja, filosofia e ciência econômica, mas mesmo para a mera convicção. O mercado das convicções está nos finos mecanismos sociais que se constituíram para a seleção dos candidatos às distintas vagas de trabalho, do proletário até o ministro. O jogo das "boas" relações é o que importa aqui. Quem as tem já entrega, por meio delas, uma certa garantia de confiabilidade. O sistema possui órgãos para, sempre que necessário, levar em conta toda "boa" tendência. É verdade que também o preço da vontade é calculado ainda por sua utilidade e pelos custos de reprodução. A boa vontade da empregada doméstica tem menos valor que a de um professor catedrático. Com tudo isso, o mais alto grau da verdadeira confiabilidade é o da resolução

Crepúsculo – Notas alemãs (1926-1931)

irrevogável e obstinada de defender a existência dessa ordem que é conservada em prol dos interesses de lucro de um pequeno número de pessoas, defendê-la mesmo que ao preço de novos mares de sangue e por meio de que atrocidade seja, e, junto dessa resolução, a convicção a ela ligada de se estar fazendo uma obrigação. A verdadeira confiabilidade é a disposição absoluta a assumir fielmente todos os valores relevantes da classe dominante, a odiar e a caluniar aquele que engaja sua vida na melhoria das condições, a acreditar e a difundir toda mentira que suje seu nome, a saudar a sua morte como uma salvação. Deveríamos acreditar que uma atitude tão bem desenvolvida pudesse apenas raramente ser encontrada, mas ela é razoavelmente comum.

Toda ideia, toda simpatia, toda relação, toda ação, grande ou pequena, *contra* a classe dominante representa o risco de uma desvantagem pessoal, e toda ideia, toda simpatia, toda relação, toda ação *a seu favor*, ou seja, a favor desse aparato de exploração que cinge o mundo inteiro, representa uma oportunidade. As pessoas que querem chegar a algum lugar precisam adquirir a tempo as crenças que lhes permitirão então agir com boa consciência do modo como na realidade lhes é exigido, pois se o fizerem *à contre-coeur** logo serão notadas, e isso não é bom. O sistema estende seus efeitos até aos mais finos ramos da alma individual. Ele dispôs que um prêmio seja concedido à vileza.

Dois tipos de reprimenda

A criança e o ancião: ambos são desajeitados, ambos recebem uma reprimenda. Diante de ambos está a mulher, que se

---

* "De má vontade". (N. T.)

coloca junto da sociedade e representa a decência. O segredo dessa identificação reside no poder do existente. A mulher, ao menos de modo inconsciente, sempre se entrega ao poderoso, e tacitamente também o homem reconhece essa atribuição de valor. Enquanto a criança pode se rebelar contra a repreensão da mãe, o ancião se submete humilhado à reprimenda da mulher mais jovem. Em ambos os casos, a falta de jeito se deve à fraqueza física. Mas no primeiro caso se anuncia a força vindoura, e no último, quem se anuncia é a morte, a impotência completa. Na reprimenda da mulher, a criança pode ler uma esperança; o ancião dela extrai, com razão, sobretudo o desprezo.

"O país desconhecido…"

Comparada a todos os seres vivos menos conscientes, a posição do ser humano parece imensamente privilegiada, e esse privilégio aumenta quanto maior é a liberdade externa e interna do indivíduo em relação às parcelas da humanidade em suas piores posições. Nos aspectos decisivos, nós somos o mesmo que os animais, de fato o mesmo que todo ser vivo, e podemos nos sentir como seus advogados naturais, tal como o prisioneiro que teve a felicidade de ser libertado em relação a seus camaradas de sofrimento que ainda estão encarcerados. Mas nossa posição privilegiada, nossa capacidade de vivenciar em nós mesmos o sofrimento dos seres vivos, não vai tão longe a ponto de nos tornarmos realmente unos com ele ou mesmo de podermos redimi-lo em nós. Podemos tornar mais leve a existência dos seres individuais, podemos extrair algumas consequências práticas dessa compreensão empírica, mas estamos aqui diante de um oceano de escuridão que nenhuma palavra poderia iluminar. A linguagem tem a escolha entre ser uma ferramenta finita ou uma ilusão.

Compreender isso é uma arma melhor contra o fideísmo que a inchada pretensão de nosso saber fragmentário ao conhecimento da totalidade. Esse inchaço é vazio, mesmo que ele pregue a cruzada contra a metafísica. A demonstração de que aquelas regiões das quais não temos nenhuma experiência não podem ser descobertas e, portanto, de que também não é possível retirar nenhuma consequência de supostas notícias sobre o além é posta no lugar da otimista negação de que estamos rodeados pela escuridão.

Sobre a doutrina do ressentimento

Um truque requintado: criticar o sistema é algo que deve permanecer reservado àqueles que nele têm interesse. Os demais, que têm a oportunidade de com ele travar conhecimento desde baixo, são desarmados pela observação afrontosa de que são biliosos, vingativos, invejosos. Eles têm "ressentimento".

Diante disso, é preciso nunca esquecer que, em nenhum caso e sob nenhuma circunstância, é possível vir a conhecer um presídio sem se ter estado realmente e sem disfarces lá encarcerado como criminoso por cinco anos, e com a certeza de que a liberdade dourada pela qual se anseia nesses cinco anos consiste em uma posterior vida de fome.

É algo como um pacto tácito dos afortunados que sobre essa sociedade – que é em sua maior parte um presídio – só se admitam como testemunhas aqueles que dela não se ressentem.

Justiça absoluta

É bem verdade que a justiça deste mundo terreno, ou o destino que se merece, pode certamente ser melhor do que é, e é também em prol disso que a luta histórica é travada. No entanto, tal coisa não pode nunca se ajeitar absolutamente. A quem deve ser feita justiça? Quem deve merecer seu destino? Os seres humanos? Mas não fazem parte de cada ser humano o seu exterior e o seu interior, seu nariz, sua cabeça, seus talentos, sua irritabilidade, seu ciúme, o vazio de seu espírito ou aquilo que o preenche? Não há dúvida de que a pobreza, a doença ou a morte precoce não são em grande medida golpes do destino e que, portanto, precisariam ser compensadas pela justiça tanto quanto um rosto feio, más disposições de caráter ou fraqueza de espírito. Quem, então — uma vez que mesmo a "personalidade" simplesmente lhe "faz parte" — é o eu que necessita de ajuda? Vauvenargues disse, contra Rousseau, que a igualdade patrimonial não poderia se justificar pela igualdade natural, pois os humanos não teriam, na verdade, sido criados iguais, mas sim desiguais. Vauvenargues deu razões, assim, para a defesa da desigualdade na sociedade, em vez de para a melhoria da natureza. A revolução social tem também de modificar a "natureza". Mas o que, depois de tudo, se torna sempre mais problemático são os sujeitos aos quais a justiça deve ser feita. Eles aparecem, ao cabo, como eus "puros", completamente abstratos, despidos de todas as propriedades reais. A questão filosófica "radical" conduz aqui, assim como nos demais casos, ao nada, pois esses eus são aparência inessencial, ou melhor, aparência de essência. É impossível localizar o substrato da transformação a ser provocada pela justiça quando esta é levada

Crepúsculo – Notas alemãs (1926-1931)

a cabo. Na realidade, sob o nome da justiça, reclamam-se transformações bem determinadas e que podem ser indicadas — a justiça absoluta é tão inconcebível quanto a verdade absoluta. A revolução não precisa se ocupar dela.

Nietzsche e o proletariado

Nietzsche escarneceu do cristianismo porque seus ideais nasciam da impotência. Amor à humanidade, justiça, misericórdia, tudo isso os fracos teriam transformado mentirosamente em virtudes porque não puderam se vingar, ou melhor, porque foram covardes demais para se vingar.

Ele despreza a massa, mas quer mantê-la enquanto massa. Quer conservar a fraqueza, a covardia, a obediência, a fim de ganhar espaço para o cultivo de seus aristocratas utópicos. É claro que outros precisam costurar suas togas para que eles não saiam por aí como vagabundos, pois se não pudessem viver do suor da massa, precisariam eles próprios operar as máquinas, onde os ditirambos de Dionísio se calariam por conta própria. De fato, Nietzsche está extremamente contente que haja a massa, em lugar algum ele aparece como verdadeiro opositor do sistema que se apoia na exploração e na miséria. Por ele, então, é tão correto quanto útil que os talentos humanos se atrofiem sob condições miseráveis, não importa o quanto ele advogue pelo seu desenvolvimento no "super-homem". Os objetivos de Nietzsche não são os do proletariado. Mas o proletariado pode tomar nota de que a moral, que lhe recomenda ser conciliatório, é, segundo esse filósofo da classe dominante, apenas enganação. Ele próprio inculca nas massas que apenas o medo as impede quebrar esse aparato. Se elas entenderem isso, até mesmo Nietzsche pode contribuir para transformar o levante de escravos na moral em práxis proletária.

Regras do jogo

O pressuposto para que um burguês mais pobre circule nas relações sociais da alta burguesia consiste essencialmente em que aquilo que é mais importante, a saber, a diferença de classe entre ambos, não seja mencionado. O bom tom exige que não apenas se cale sobre ela, mas também que, pelas expressões e condutas, ela seja habilmente ocultada. É preciso fingir que se movimentam no mesmo nível social.

O milionário contribui com sua parte. Se ele viaja nas férias de verão para Trouville e seu conhecido mais pobre vai para um povoado miserável na Floresta Negra, o milionário não dirá "O senhor não pode se permitir outra coisa", mas sim "Ah, nós também queremos voltar ainda à bela Floresta Negra" ou "Eu não gosto de ir a Trouville, detesto o modo como aquilo funciona, mas fazer o quê?". O mais pobre tem então de replicar: "É verdade, estou ansioso para ir à Floresta Negra!". Se ele afirmar: "Eu também preferiria ir a Trouville, mas sou muito pobre para isso", ganhará de pronto a resposta "Não me venha com essa!". Porém, se insistir a sério nisso, e não apenas no caso da viagem de verão, mas em toda oportunidade em que essa resposta caiba, então ele soará vulgar e a relação terá fim.

No entanto, se ele próprio realmente viajar a Trouville, apesar de ser de fato muito pobre para isso, então ele notará que seus amigos da alta burguesia consideram a distribuição de renda da ordem capitalista uma medida absolutamente justa

Crepúsculo – Notas alemãs (1926-1931)

da satisfação pulsional permitida a cada um. Como pode ele, como "permite-se" ele viajar sob essas circunstâncias a Trouville, por que não vai afinal para a Floresta Negra!?

O pressuposto da relação social é o encobrimento da posição de classe enquanto ideia, porém respeitando-a e reconhecendo-a de modo estrito na realidade. Para o lado mais pobre da relação, como ela é na maior parte das vezes de certa utilidade prática, ou melhor, como o lado mais pobre nutre a expectativa de uma tal utilidade, ordinariamente ele reprime o reconhecimento claro da diferença, de início no interior da relação, e depois em geral. Sua consciência é adequada à sua ação. Uma vez que as pessoas gostam de agir de acordo com suas crenças, elas terminam por acreditar, em regra, naquilo segundo o que elas gostariam de agir. As pessoas em condição mais baixa que cultivam de modo permanente tais relações – principalmente os intelectuais – têm de fato na maior parte das vezes uma consciência mais extraviada ideologicamente que de costume; elas padecem, para além das ilusões de harmonia correntes em sua camada social, ainda de uma casmurrice na vida privada – mesmo que de resto sejam também especialmente talentosas. As consequências da repressão se manifestam, no fim, também no restante de seu pensamento, de início na hipertrofia das boas qualidades de seus amigos da alta burguesia. Você já encontrou alguma vez um tal homem com boas relações que não achasse as senhoras e os senhores ao menos "tão gentis" ou "tão brilhantes"? Ele já não é capaz de reconhecê-los como "tão exploradores". As relações sociais têm suas consequências para a consciência – tão maiores quanto mais íntimas e sinceras elas forem.

Arquimedes e a metafísica moderna

Em razão de seu interesse pela ciência, Arquimedes se esqueceu de que ao seu redor pessoas eram assassinadas, e isso foi sua perda.* Em razão de seu interesse pela ciência, os filósofos contemporâneos se esquecem de que ao seu redor pessoas são assassinadas e explicam as notícias a seu respeito como histórias para causar pavor. Mas nisso eles não correm nenhum perigo. Pois não são as tropas adversárias, mas as suas próprias que estão no comando.

Assim como as figuras de Arquimedes, seus sistemas são máquinas de defesa para seus concidadãos. Diferentemente do sábio grego, porém, eles navegam sob uma falsa bandeira. Ele não afirmou que suas catapultas serviriam a amigos e a inimigos. A metafísica moderna, por sua vez, toma-se a si própria por uma questão da humanidade.

Inversão de ideias

A declaração a favor de motivos morais, principalmente o da compaixão, que todavia opera em seu pensamento e em sua ação como um móbil clandestino, é malvista entre os teóricos marxistas não apenas por pudor, mas também porque eles sabem pela experiência que essa proclamação costuma ser um sucedâneo da práxis. Consciente ou inconscientemente eles

---

* Horkheimer se refere ao episódio da tomada pelos romanos da cidade de Siracusa, na Sicília, no qual seu cidadão Arquimedes foi morto. Arquimedes teria desenvolvido armas usadas no combate. (N. T.)

Crepúsculo – Notas alemãs (1926-1931)

assumem que o impulso moral repercute alternativamente ou na ação efetiva ou nas palavras. Por isso são tão desconfiados destas últimas.

No entanto, com isso eles recaem num risco semelhante ao de sua constatação de que a efetividade gira apenas ao redor de bens materiais. Quando, diante da acentuação de que há também outras carências e outras qualidades que não apenas a fome e o poder, eles retrucam indicando a realidade nua e crua na qual tudo gira ao redor da satisfação das carências mais primitivas, eles tendem a transformar o amargor dessa constatação em apologia. A afirmação de que na realidade atual o elemento ideal é apenas encobrimento ideológico de uma má práxis materialista se inverte então facilmente no realismo justificatório de certos jornalistas e repórteres: "Deixe-nos em paz com essa coisa de civilização, nós sabemos que isso é conversa fiada". Eles estão completamente em paz e reconciliados com essa situação.

Só se pode ajudar o todo

Desconfie daquele que afirma que ou bem se pode ajudar o grande todo ou não se é de ajuda nenhuma. Essa é a mentira da vida daqueles que, na realidade, não querem ajudar e que, diante da obrigação do caso particular e determinado, valem-se da grande teoria como subterfúgio. Eles racionalizam sua inumanidade. Há entre eles e os devotos religiosos uma semelhança, a de que ambos mantêm a consciência leve em razão de ponderações "mais elevadas" no momento em que só podem ficar parados sem condições de ajudar.

Max Horkheimer

Ceticismo e moral

O socialismo não "decorre" das leis econômicas descobertas por Marx. É verdade que há muitas previsões científicas que têm caráter de elevada probabilidade, por exemplo, a de que o sol nascerá amanhã. Elas são o resultado de um enorme material da experiência. Mas quem acreditará que o mesmo se passa na previsão do socialismo?

O socialismo é uma forma melhor de sociedade, mais adequada a seus fins, e cujos elementos de certo modo estão presentes no capitalismo. Há, no capitalismo, "tendências" que impelem a uma conversão do sistema. O material da experiência com base no qual assumimos que as tendências realmente se impõem é muito escasso. Ninguém se entregaria com confiança, sem assumir o risco mais extremo, a uma ponte sobre um abismo cujos princípios de construção não estivessem fundados em experiências mais exatas que a do advento do socialismo.

Toda essa ponderação, em que pese sua correção, pode certamente contar tanto com a aclamação dos amigos burgueses que veem o socialismo com boa vontade quanto com a tolerância de seus inimigos. Alguém pode se declarar a favor de Marx quando tem a medida necessária de ceticismo. Mas boa vontade e tolerância desaparecem imediatamente tão logo acrescentamos à imagem da ponte a ideia de que depende da ousadia de chegar a sua outra ponta o desaparecimento da maioria esmagadora das injustiças, do desperdício das capacidades humanas, da mentira, do aviltamento sem sentido, em suma, do sofrimento material e espiritual desnecessário; em outras palavras, a ideia de que é preciso lutar pelo socialismo. O reconhecimento

Crepúsculo – Notas alemãs (1926-1931)

ceticamente restrito diante da teoria marxiana, sua integração reverente na história da filosofia, é visto com bons olhos pela burguesia; o correlato desse tratamento contemplativo do marxismo na práxis é sua instalação no existente. A constatação de que da teoria marxista não "decorre" o socialismo, mesmo que este fosse em si mesmo algo desejável, funciona, sem que seja necessário acrescentar nada, como uma fundamentação científica e moral do capitalismo. Ela aparece como expressão do ceticismo social.

Na realidade, no entanto, a declaração de que Marx e Engels não "demonstraram" o socialismo não tem por consequência nenhum pessimismo, mas sim um compromisso com a práxis de que a teoria carece. Marx descobriu a lei da ordem desumana reinante e mostrou a alavanca que é necessário puxar para criar uma mais humana.

Aquilo que para os intelectuais burgueses é uma transição de um elo do sistema a outro, um "problema" como outros, um assunto ao qual eles "fazem justiça", no melhor dos casos, com algumas páginas muito compreensivas de um manual, a saber, a solução para a questão se a sociedade de classes perdurará ou se haverá êxito em sua substituição pelo socialismo, é o decisivo no que diz respeito ao progresso da humanidade ou a seu declínio em barbárie. O modo como alguém se põe diante dessa questão determina não apenas a relação de sua vida com a da humanidade, mas também o grau de sua moralidade. Um sistema filosófico, uma ética, uma doutrina moral que "integre" as caducas relações de propriedade do presente, inibidoras do progresso, a existência da sociedade de classes e a tarefa de sua superação, em vez de identificar a si própria com essa tarefa, é o contrário da moral, pois a forma assumida pela moral no presente é a da efetivação do socialismo. Tratando o socialismo com ceticismo, os intelectuais servem à ordem social dominante. Os catedráticos e literatos que gozam de incentivos, reconhecimento e honra neste mundo tal como ele é estão certamente de acordo em sua condenação "moral" de um roubo tipificado como crime. Eles olham com total tranquilidade para o roubo permitido a inúmeras crianças, mulheres e homens nos Estados capitalistas e ainda mais nas colônias e consomem sua parcela do butim. Eles sustentam o sistema quando tratam, em livros e revistas eruditos e com uma linguagem "científica", também da teoria da sociedade socialista como um problema ao lado de tantos outros, e então, com um gesto cético, passam para a ordem do dia.

Sabe-se que a burguesia pode "discutir" sobre tudo. Essa possibilidade é parte de sua força. No geral, ela concede a liberdade de pensamento. Apenas lá onde o pensamento assume imediatamente uma figura que impele à práxis, onde ele, na esfera acadêmica, se torna "não científico", é que esse caráter acolhedor encontra seu limite. O ceticismo puro é essencialmente uma expressão do fato de que os limites da teoria são preservados. O contrário desse ceticismo não é nem o otimismo nem o dogma, mas sim a práxis proletária. Se o socialismo é improvável, é necessária uma resolução ainda mais desesperada para torná-lo verdadeiro. O que se põe no seu caminho não são as dificuldades técnicas de sua execução, mas sim o aparato de poder dos dominantes.

Mas, se o ceticismo é ruim, a certeza não é nem um pouco melhor. A ilusão de que ingressaríamos no socialismo como que por uma necessidade natural não põe menos em risco a ação correta do que a descrença cética. Se Marx não demonstrou o socialismo, por outro lado ele mostrou que há no capitalismo tendências de desenvolvimento que tornam o socialismo possível. Aqueles que por ele se interessam sabem onde devem atacar. A ordem social socialista não é impedida pela história mundial, ela é historicamente possível; ela será efetivada, porém, não por uma lógica imanente à história, mas sim pelas pessoas escoladas na teoria e que se decidiram pelo melhor, ou não será de modo algum.

Visão heroica de mundo

Não há visão de mundo hoje que vá mais habilmente ao encontro das finalidades da classe dominante do que a "heroica". Os jovens pequeno-burgueses têm pouco a ganhar para si próprios, mas tudo a defender no interesse dos trustes. A luta contra o individualismo, a crença de que o indivíduo precisa se sacrificar para que o todo viva, encaixa-se com precisão na situação atual. Diferentemente dos verdadeiros heróis, essa geração não se entusiasma por um objetivo claro na realidade, mas pela prontidão para alcançá-lo. A classe dominante na Alemanha não poderia sonhar com nada melhor que isto: que as camadas que ela mesma arruinou viessem a formar sua própria vanguarda e a não aspirar sequer ao parco soldo, mas ao sacrifício, ou ao menos à devoção e à disciplina!

O verdadeiro heroísmo é o interesse passional, sem consideração pela própria vida, por um valor socialmente relevante. A visão de mundo heroica, em contraste, faz da vida, ainda que enquanto uma a ser sacrificada, seu mais importante tema. Os interesses econômicos pelos quais os seus mártires perderiam a vida não podem, todavia, vir à consciência. Em vez disso, sua consciência passional se refere imediatamente ao sacrifício, isto é, ao sangue e ao assassinato. A imaginação abstrai do fato de que a própria pessoa que imagina está em jogo e se deleita com a crueldade para além da diferença dos indivíduos. Também na prática, os devotos das religiões do sacrifício têm costumeiramente em vista mais o matar do que o ser morto; eles parecem querer pagar o preço de matar com a disposição para serem mortos, e em todo caso não dão grande valor a essas diferenças sutis. Uma pesquisa futura e mais livre de preconceitos que a que se faz hoje pode um dia descobrir que houve tempos em que também o poder do cristianismo sobre as almas se apoiava em sua relação com martírios e chagas e que a fogueira da Inquisição se ligava tão estreitamente à veneração da cruz quanto o revólver do nacionalista* à sua doutrina idealista.

Todos têm de morrer

Todos têm de morrer – isso é certo, mas nem todos morrem do mesmo modo. Não quero nem falar do fato de que os ricos podem prolongar sua vida com mil meios que não estão à disposição dos pobres. Tampouco do fato de que a técnica dos cirurgiões depende do número de notas de mil marcos. Falarei simplesmente da própria morte.

Admitindo-se que as diferentes causas da morte, dolorosas em maior ou menor grau, sejam distribuídas de modo relativamente igual, ainda assim existem já no interior de uma mesma doença diferenças que se produzem por distintos graus de

---

* *Völkisch*, adjetivo derivado do substantivo *Volk*, povo. Denota aqui a ideologia nacionalista étnico-racial germânica ariana. (N. T.)

atenção no tratamento e no cuidado. Mas isso seria o de menos! Uma única e breve constatação basta para abalar a inteira ideologia da imparcialidade da morte. Digamos que se faça saber por toda parte que os familiares e as pessoas queridas daqueles que morrerem nas próximas duas semanas, independentemente de que modo, passarão o resto de suas vidas nutridos e vestidos de modo decente. Não apenas as estatísticas de suicídio iriam rapidamente às alturas no mundo todo como também um número respeitável de pessoas, mulheres e homens, cometeriam esse suicídio numa tal tranquilidade de alma que deixaria orgulhoso qualquer estoico. Agora julgue se a morte do milionário é a mesma de um proletário! A morte é a parte final da vida. O homem pobre sabe, nessa parte final, que sua família será castigada por isso se ele falecer. Estraçalham-se ambos os pés de uma operária. Ela se lamenta um minuto após a desgraça: "Agora não posso mais trabalhar, meu pobre marido, meus pobres filhos, agora sou imprestável". Ela não pensa em si. Uma *lady* que caiu do cavalo ou sofreu um acidente de automóvel vivencia outras perspectivas nos momentos em que padece, e seus muitos e muitos amigos não precisam se preocupar pela perda da sua utilidade, apenas por sua personalidade.

Daquilo que vem *depois* da morte nada sei, mas o que há *antes* da morte é algo que se desenrola na sociedade de classes capitalista.

Discussão sobre a revolução

O burguês genuíno tem a capacidade de contemplar tudo de modo objetivo; na Alemanha pós-guerra, até mesmo a revolução. Quando ele dirige seus pensamentos objetivamente para ela (ou melhor, para a sua preparação política), ela aparece como qualquer outra atividade no seio da efetividade social existente e é julgada enquanto tal. Uma vez que, na produção capitalista, o empresário reflete menos sobre o valor de uso de suas mercadorias que sobre os métodos hábeis de produção e venda, a ele realmente interessa, na avaliação objetiva de uma atividade social, menos o conteúdo que a execução. Na Alemanha, reprova-se hoje então ao partido revolucionário mais a má execução que o seu objetivo – ao qual, desde o fim da guerra, é dada uma certa chance. A incapacidade do executor fica estigmatizada.

Decisivos para isso não são apenas os elementos formais do pensamento burguês, mas também causas muito mais contundentes. Não somente entre a burguesia de esquerda, mas também na alma de amplas camadas contrarrevolucionárias (que, após a ação proletária fracassada, condenam as suas lideranças), poderá o psicólogo reconhecer um clandestino sentimento de culpa de não ter nela tomado parte com as próprias mãos e a raiva inconsciente do fato de que ela não deu em nada. A crença sórdida, ancorada no fundo da vida europeia, no sucesso como um juízo divino também desempenha um papel. A revolução é má, uma vez que não venceu.

Os defeitos da liderança revolucionária podem, de fato, ser funestos. Não importa quão mal conduzida seja a luta política contra a desumanidade das condições atuais, ela é a forma que a vontade de instituir uma ordem melhor pôde se dar nesse instante histórico, e é assim que ela é entendida por muitos milhões de oprimidos e atormentados em todo o mundo. Nenhuma insuficiência das lideranças suprime, portanto, o fato de que elas são a cabeça dessa luta. Aquele que, estando em

Crepúsculo – Notas alemãs (1926-1931)

ligação imediata com um partido na luta, pode influenciar seu curso sob certas circunstâncias, ou seja, aquele sobre quem não paira dúvida de que compartilha a teoria e a luta com esse partido, este pode talvez por um tempo, mesmo que de fora, criticar de modo proveitoso a liderança.

Mas um partido proletário não pode ser objeto de uma crítica contemplativa, pois cada um de seus erros se deve ao fato de que a falta da participação eficaz de melhores forças o tornou inevitável. Considerando apenas suas manifestações posteriores sobre as ações do partido, não é possível julgar se o crítico contemplativo teria reforçado ou não, por meio de sua própria atividade no partido, essas forças, pois fica eternamente indecidido se sua opinião, na situação dada, teria convencido ou não as massas, se sua superioridade teórica trazia consigo também as necessárias capacidades de organização – em suma, se sua política era afinal possível ou não. A objeção imediata é a de que as lideranças se encontrariam de posse dos meios de poder do partido, o aparelho partidário não deixaria o indivíduo ter voz e, por isso, toda tentativa das pessoas racionais careceria de perspectivas de antemão. Como se a todo instante na história as vontades políticas não tivessem encontrado seus respectivos obstáculos para se afirmar! Hoje esses obstáculos podem se amontoar diante justamente do intelectual; mas quem senão aquele que supera na prática as deficiências presentes pode demonstrar que, considerando todas as condições, essas deficiências não o eram de fato? A crítica burguesa à luta proletária é uma impossibilidade lógica.

O modo burguês de pensamento é adequado ao sistema econômico com o qual surgiu. No movimento político que aspira a substituir a forma presente de sociedade por uma melhor, os hábitos de pensamento estabelecidos perdem a validade, pois, de um modo inautêntico e multiplamente mediado, eles estão simplesmente sob o poder das leis econômicas do capitalismo. Para cada empresa mal conduzida, cuida-se automaticamente, no capitalismo, de sua regulação. A constatação de que a direção é incapaz é confirmada pela bancarrota do negócio, e sua função econômica será realizada melhor por outras pessoas no futuro. Há, portanto, um critério para a execução de atividades sociais que é objetivo e independente de quem realiza a crítica. Ele se apoia no fato de que, onde quer que haja uso para um trabalho no sistema capitalista, encontram-se também pessoas que o realizem de um modo correspondente à situação das forças produtivas. Sempre que algo falha, imediatamente é substituído. Só que essa substitutividade não vale de modo algum para a liderança proletária. O lugar daqueles que são violentamente assassinados ou postos fora de combate é de algum modo preenchido de pessoas vindas da fileira do combate, mas que em geral não estão à altura de seus antecessores, pois o oponente sabe encontrar aqueles que lhe são perigosos. O mundo no qual a elite proletária se forma não é a academia, mas as lutas nas fábricas e sindicatos, os regulamentos disciplinares, as sujas disputas dentro ou fora dos partidos, as sentenças de prisão e a ilegalidade. Os estudantes não se precipitam sobre nada disso tal como o fazem sobre os auditórios e os laboratórios da burguesia. A carreira revolucionária não leva ninguém a banquetes e títulos honorários nem a investigações interessantes e a salários de catedráticos, mas sim à miséria, à desonra, à ingratidão, à prisão, até ao incerto que só pode ser iluminado por uma fé quase sobre-humana. Por isso, raramente ela é seguida por pessoas simplesmente talentosas.

Crepúsculo — Notas alemãs (1926-1931)

Observação: é possível que, em momentos como o presente, a fé revolucionária dificilmente seja compatível com uma grande clarividência acerca das realidades, e poderia até ser o caso que as características imprescindíveis para a liderança de um partido proletário se encontrassem agora justamente em pessoas que não são as de mais refinado feitio. O "alto nível" dos críticos burgueses, seu sentimento moral refinado, não procede parcialmente de terem se mantido distantes da verdadeira luta política? Mas essa distância, como máxima universal, não seria a sentença de morte da liberdade? As pessoas de "alto nível" têm razões para condenar aqueles que estão realmente na luta?

Tato

Há um meio infalível de reconhecer o tato de um homem. Em todo evento social se encontram mulheres que não se podem medir com as demais mulheres presentes nem por sua influência, nem por seu poder, nem pelo ar confiante como se apresentam, nem por sua beleza. Para essas mulheres que tomam parte em situação de inferioridade, o evento costuma ser um martírio, especialmente se seu marido, seu amigo ou sua amiga, seja por razões econômicas ou eróticas, se encontrar fortemente entretido na conversação. Elas têm a sensação de estarem excluídas e propagam essa sensação tão fortemente a seu próprio redor que quem chega ou sobretudo quem se despede até se esquece de lhe estender a mão. O tato do mais demandado e agudo homem do mundo se mostra uma ilusão vã se ele realmente cometer um tal descuido; quem dirige a palavra a tais mulheres e as puxa para a conversa é superior àquele homem, e isso no território dele.

Essa constatação vale, com as respectivas nuances de sociabilidade, para os mais distintos níveis sociais, desde que se entendam por tato não apenas o costume e a imitação, mas também o entendimento e a bondade.

Animismo

Os humanos experimentam o fato de que seus movimentos próprios são produzidos por eles por meio de impulsos autônomos. Logo no início de sua história, eles transferem essa experiência não apenas ao movimento de outros seres vivos, mas aos eventos em geral. Ou melhor: não transferem essa experiência, mas vivenciam todos os acontecimentos imediatamente como atos de vontade da mesma espécie dos seus próprios.

Nossos filósofos já há muito tempo compreenderam esse fato. Mas também aqui levou-se a cabo uma transformação de algumas décadas para cá. Enquanto no último século esse conhecimento conduziu à teoria do animismo e tendeu a criticar a religião atual como último vestígio daquele mecanismo psíquico original, hoje ele é usado para desacreditar o conceito de causalidade. O que se passa no espírito não deve estar sujeito à causalidade. Os atos religiosos contam como incondicionados, e a ciência perde suas credenciais para julgá-los.

De resto, pode ser duvidoso se a teoria animista é verdadeira a respeito dos primitivos. Os etnólogos talvez tenham algo melhor a nos ensinar. Em todo caso, a religião das massas ludibriadas no capitalismo lhe é correspondente. Em vista de sua ruína na realidade atroz, as pessoas desejam que haja um culpado pela totalidade e que ele tenha, em segredo, uma boa intenção. O sofrimento mantém em marcha esse mecanismo

Crepúsculo – Notas alemãs (1926-1931)

psíquico da animação universal, em que pese a possibilidade de um conhecimento mais adequado, e aqueles que provocam o sofrimento sabem manter longe o que possa estorvar o mecanismo. A teoria do animismo dos primitivos é mais bem explicada, portanto, a partir da miséria do presente do que o presente o é com recurso aos primitivos.

Sobre a formalização do cristianismo

O fato de que Jesus expulsou os comerciantes do templo com uma vara já serviu como justificativa teológica para muitos atos de violência. É estranho o quão pouco é debatida, nesse caso, a finalidade com a qual aquele ato bíblico aconteceu. A Revolução Francesa tentou erradicar de modo sangrento o abuso que o absolutismo fazia do cristianismo. Na Guerra Mundial,* nossos padres abusavam do cristianismo como subsídio para a erradicação de milhões de cristãos. Em ambos os momentos, pôde-se invocar aquele episódio bíblico, mas aqueles teólogos que atentam apenas à questão se a violência é ou não permitida despertam a impressão de que o que importava para Jesus eram as varadas, e não o templo. Mas que bons cristãos, esses!

Fé e lucro

Os capitalistas judeus caem em completo alvoroço pelo antissemitismo. Eles dizem que se ataca aquilo que lhes é mais sagrado. Mas acredito que eles só se irritam tanto porque, nesse caso, são atingidos em algo que não rende lucro e que, todavia,

---

* Isto é, a Primeira Guerra. (N. T.)

é impossível de mudar. Se o antissemitismo contemporâneo dissesse respeito à religião e não ao "sangue", muitos dos que se indignam o mais profundamente contra ele descartariam "com dor no coração" esse algo mais sagrado, mas que não dá lucro. Com a superação da base material do gueto, ficou para trás também a disposição para o sacrifício da vida e da propriedade em nome da fé. A hierarquia dos bens entre os judeus burgueses não é nem judaica nem cristã, mas burguesa. Assim como seu colega de classe ariano, o capitalista judeu, confrontado com a violência, sacrifica primeiro a própria superstição, depois a vida alheia, e em último lugar o seu capital. Na Alemanha, o revolucionário judeu, assim como o "ariano", põe a própria vida em risco pela liberação da humanidade.

Ou isto — ou aquilo!

Sem dinheiro, sem segurança econômica, ficamos indefesos. Com isso, me refiro realmente a um castigo terrível: ter de labutar de forma degradante, ser escravizado por pequenos negócios, inquietar-se dia e noite com coisas vulgares, tornar-se dependente das pessoas mais vis. Não apenas nós sozinhos, mas também todos os que amamos e pelos quais nos responsabilizamos caem conosco sob a roda do cotidiano. Tornamo-nos objeto da burrice e do sadismo; violências das quais felizmente não tínhamos nem ideia lançam seu poder sobre nós e tragam nossas vidas e nossos pensamentos para a miséria e a imundície. Pessoas que admitiam nossas intenções livres, se não com sinceridade, ao menos por uma consideração servil por nossa posição social, agora professam triunfantemente o contrário, tal como o diretor do presídio admite ao visitante com o qual

Crepúsculo – Notas alemãs (1926-1931)

mantém boas relações uma opinião que, se fosse expressa por um recluso, lhe renderia a privação até das menores atenuações. Impotência total, atrofia de todas as boas disposições e desenvolvimento de todas as más: é isso que caracteriza a nossa existência e a dos nossos quando, nesta sociedade, perdemos a segurança econômica.

Tudo isso é certamente correto, e justificaria abundantemente a resolução irrevogável de evitar com todos os meios o rebaixamento e a perda dessa segurança. Mas essa resolução, consciente ou inconsciente, a tenaz obviedade e a vontade indobrável do possuidor de se conservar em sua segurança, não acabam gravando todas as suas ações, mesmo as mais tranquilas e generosas, com a marca de um tumor mortal? Essa segurança, a certeza de conservar a si mesmo em todos os casos no meio da sociedade e nunca esbarrar realmente em suas bordas, não faz dos seres humanos funções calculáveis em tudo aquilo que é essencial, para cuja vida até o seu fim há uma fórmula pronta? Em tudo que é decisivo, eles pensam, sentem e agem como meros expoentes de seus interesses enquanto proprietários. O sentido de sua vida é fixado, não depende de sua humanidade, mas sim de uma coisa, de seu patrimônio e de suas leis imanentes. Eles só se tornam algum tipo de ser humano real e autônomo lá onde jogam ou fazem outras tais coisas indiferentes. Mas mesmo ali se manifesta ainda a inautonomia, a dependência do restante de suas vidas. No modo como essas senhoras e esses senhores viajam, amam, debatem política, praticam esportes, educam seus filhos, falam de um livro, parece sempre haver uma reserva: "Como quer que seja, estou decidido a não pôr em questão meu patrimônio e minha renda". É por isso que uma atmosfera de ilimitado tédio se espraia ao redor deles para quem os conhece. Tanto faz o que acontece nessas conversações, no fundo tudo está já decidido. A única esfera em que eles têm um impulso próprio e são seres humanos é a "esfera privada" (portanto, apenas derivada, na visão deles). Lá onde começa, para eles, a realidade efetiva, eles não são, por sua vez, seres humanos, mas funções de seu capital e de sua renda. O que vale para os grandes vale também para os pequenos. A vontade do empregado de não ser mandado embora da empresa com o tempo produz em sua vida o mesmo efeito obliterador. Em razão de sua resolução firme, todas as decisões próprias, até a liberdade de seus pensamentos, devem por fim se perder.

Estamos então entre o risco de afundar no inferno social e essa futilidade da vida. Deveríamos acreditar que há um correto caminho do meio, um *juste milieu*, mas já o menor afrouxamento da resolução de se manter em cima é entregar ao acaso o nosso resvalo. Assim como o fato de um empreendimento econômico ter se detido, em seu crescimento, no tamanho por ele alcançado não significa que ele vá durar, mas que vá decair; e assim como não ter sido promovido dessa vez não significa, para um empregado, que ele se estabeleceu em uma posição existente, mas que corre o risco de ser despedido; do mesmo modo, renunciar a endurecer sua alma hoje não significa a salvaguarda da liberdade, e sim a ruína.

Regras políticas para a vida

Para o cidadão pacífico, há uma boa regra política para a vida, uma que pode ajudá-lo em relação aos perigos da luta de classes. Ela preceitua: não se envolva em inimizades com a reação! Se um dia acontecer de os trabalhadores obterem o poder, sempre

Crepúsculo — Notas alemãs (1926-1931)

haverá ainda tempo de parecer leal a eles. Se você não tiver sido percebido justamente como uma liderança política saliente da reação, mas apenas se mantido em bons termos com ela, então você não precisa temer nada na revolução. Mas se, em vez disso, durante a paz interna, você tiver simpatizado com o proletariado ou mesmo apenas negligenciado a necessidade de proclamar o contrário a seus conhecidos, então você poderá facilmente ser assassinado no caso de uma guerra civil declarada. Para os cidadãos sensatos e que cuidam de suas coisas e de sua própria vida, mas particularmente para os intelectuais, essa regra é uma diretiva confiável em tempos inquietos. É verdade que quem tem dinheiro não precisa se preocupar tampouco com isso. Pode tranquilamente se permitir convicções de esquerda se, na hora certa, partir para o exterior.

Metafísica

O que é que não se entende pela palavra "metafísica"! É muito difícil encontrar uma formulação que agrade a todos os senhores cultos com suas opiniões sobre as coisas últimas. Se você se bater com sucesso contra alguma dessas pomposas "metafísicas", com certeza todas as demais irão explicar que haviam sempre compreendido por "metafísica" algo completamente diferente.

Parece-me, no entanto, que "metafísica" designa, de que maneira seja, o conhecimento da verdadeira essência das coisas. Ora, de acordo com o exemplo de todos os catedráticos, filósofos ou não, importantes ou não, é de se concluir que a essência das coisas é de tal modo que podemos investigá-la e viver em sua contemplação sem recair em indignação contra o sistema social existente. O sábio que vê o cerne das coisas pode certamente extrair dessa visada todas as possíveis consequências filosóficas, científicas e éticas, pode inclusive esboçar a imagem de uma "comunidade" ideal, mas seu olhar se torna menos agudo para dirigir-se às relações de classe. Sim, o fato de que é possível ascender ao eterno no seio das relações de classe presentes constitui uma certa justificação dessas relações, e ainda mais na medida em que os metafísicos conferem valor absoluto a essa ascensão. Uma sociedade na qual o ser humano é capaz de satisfazer a sua elevada destinação em pontos tão importantes não pode ser uma sociedade muito ruim, ou ao menos a sua melhora não parece algo particularmente urgente.

Não sei até que ponto os metafísicos têm razão, talvez haja em algum lugar um sistema ou um fragmento metafísico particularmente pertinente, mas sei que os metafísicos costumam se impressionar muito pouco com aquilo que atormenta os seres humanos.

Estrutura social e caráter

Contesta-se veementemente que a condição material determine o ser humano, mas em casos extremos essa circunstância vem à luz com tanta obviedade que negá-la é algo excluído. Quando uma pessoa generosa e inteligente é posta na prisão com ou sem razão, de tal modo que, pela duração de dez anos, a vida dela transcorre nas celas e nos corredores de um desses edifícios atrozes, também suas carências e medos, seus interesses e alegrias reduzem-se cada vez mais à ínfima medida dessa existência miserável. Os pensamentos sobre a vida anterior lá fora continuam a atormentando em segundo plano, mas isso

Crepúsculo – Notas alemãs (1926-1931)

não muda nada no fato de que a menor das adversidades ou das agradáveis distrações do cotidiano pode disparar uma mudança de ânimo cuja intensidade apenas dificilmente seria compreensível para quem está lá fora. Ao contrário do condenado, a vida do grande capitalista se desenrola em uma tal altura que os prazeres e as dores que, para outras pessoas, significam grandes oscilações em suas vidas para ele se tornam insignificantes. As ideias relativas à moral e à cosmovisão desempenham o papel de fetiches para aqueles que não são capazes de ver os nexos sociais; mas para aqueles que, como os poderosos, têm a oportunidade de abarcar com a vista as condições transformadoras dessas ideias no jogo das forças da sociedade e mesmo de participar de sua conservação ou de sua modificação, o caráter de fetiche se dissolve gradualmente. No caso desses extremos, o do magnata do truste e o do prisioneiro, os polos da sociedade, admitir-se-á amplamente a dependência das reações psíquicas e da formação do caráter em relação à situação material. Na verdade, as diferenças entre o caráter do pequeno mandachuva do sindicato e um diretor de fábrica, ou entre um latifundiário e um carteiro, estão tão ligadas às suas condições quanto as diferenças entre o presidiário e o poderoso. É certo que não podemos dizer que as pessoas vêm iguais ao mundo, e ninguém sabe a dimensão das nuances individuais de nossos modos de reação que trazemos conosco do nascimento, como um mal ou um bem hereditário. Mas o horizonte traçado de antemão para cada um de nós por sua função na sociedade, a estrutura dos interesses básicos que imprimem em nós sua marca por meio do nosso destino desde a infância, certamente permitem apenas em raros casos um desenvolvimento relativamente intacto daquelas disposições individuais. Essa oportunidade é tão maior quanto mais alta é a camada social na qual o indivíduo vem à luz. Apesar da clausura nas celas, a tipologia psicológica dos condenados é facilmente traçável; a cadeia nivela! Isso vale para a pobreza e a miséria em geral. O nascimento da maior parte das pessoas ocorre dentro de uma prisão. Justamente por isso a forma atual de sociedade, o assim chamado individualismo, é, na verdade, uma sociedade do nivelamento e da cultura de massa, e o assim chamado coletivismo, o socialismo, ao contrário, é o desenvolvimento das disposições e das diferenças individuais.

Observação: na sociedade atual, vigora a seguinte lei em relação ao desenvolvimento individual: quanto mais elevada é a situação de vida, tanto mais facilmente desenvolvem-se a inteligência e todas as demais espécies de capacidade. As condições objetivas para o desenvolvimento das qualidades socialmente importantes são mais propícias nos níveis sociais mais altos que nos mais baixos. Isso fica óbvio quando se considera a educação nas famílias e escolas. Mas a lei vale também para os adultos. As tarefas que um grande capitalista é capaz de executar em um dia, por exemplo, são multiplicadas em razão do aparato técnico e humano que ele tem disponível para todas as ocasiões, desde os negócios de maior monta até o ditado de uma missiva desimportante. O êxito condicionado pela superioridade que assim se configura repercute de volta em suas aptidões pessoais e em sua rotina. Se originalmente ele só redigia dez cartas no tempo em que o pequeno-burguês redigia uma, agora ele ditará de quinze a vinte cartas no mesmo intervalo de tempo. Sua destreza aumenta justamente para as funções importantes, pois o que é indiferente ele entregou para os seus subordinados. Assim ele pode se tornar mestre naquilo que é decisivo. Por sua vez, o homem de baixo trabalha até a fadiga com

Crepúsculo – Notas alemãs (1926-1931)

bagatelas, o dia é constituído por uma série de tarefas desedificantes, com a miséria o ameaçando em segundo plano.

Isso vale não apenas para as realizações sociais, mas também para as demais características da pessoa. O prazer com diversões baratas, a propensão estúpida a posses mesquinhas, a conversa vazia sobre os próprios assuntos, a vaidade e o sentimentalismo cômicos, em suma, toda a miséria da existência abatida, nada disso precisaria ser encontrado lá onde o poder desse ao homem um conteúdo e o desenvolvesse.

Platitudes

A objeção de que um enunciado racional seria unilateralmente grosseiro, óbvio ou banal serve para humilhar aquele que o pronuncia sem que uma discussão precise acontecer. Se que o que se afirma não é que o enunciado seria falso ou mesmo que não teria sido bem demonstrado, então aquele que foi atacado não pode replicar ao adversário com argumentos. O que se quer dizer para ele é apenas que toda criança já saberia há muito tempo o que ele acabou de afirmar, e que, no mais, o fato poderia ser visto ainda por vários outros lados. O que ele poderia alegar em resposta a uma tal objeção? Não há mesmo nenhuma dúvida de que a coisa pode ser vista por outros lados, e o que ele disse é mesmo algo que todo mundo sabe. É a derrota.

De fato, se essa execução sumária dissesse respeito a uma afirmação que constatasse que os estados atuais dependem universalmente da conservação tecnicamente desnecessária da relação de exploração ou apenas que se referisse a determinada parte dessa relação de dependência, então ela seria tão somente uma insolência; pois os eventos atuais no mundo podem, em todo caso, apresentar outros lados, mas nenhum é tão decisivo quanto este e nenhum é tão importante que seja compreendido por todos. Se realmente se reconhecesse de modo universal que a continuidade da exploração que beneficia apenas um pequeno número de pessoas é a fonte da atual miséria social, se todo leitor de jornal, ao ler as notícias sobre guerras, crimes da justiça, pobreza, calamidade e assassinato, compreendesse que a manutenção da ordem vigente é a causa de tais desgraças, se essas platitudes – que, em razão do esplendidamente instituído aparato social de estultificação, não são entendidas nem por pessoas medianamente instruídas, para não falar de nossos eruditos – penetrassem até na compreensão do vigilante de menor escalão dessa ordem, então se pouparia à humanidade um futuro atroz.

É claro que a avaliação de todo acontecimento histórico atual pode sempre destacar aspectos outros que não a sua conexão com a dominação de classe. Mas, hoje, o que importa é justamente reconhecer essa conexão. É inegável a suspeita de que a antipatia pela unilateralidade, pelo caráter grosseiro, pela platitude, pela banalidade e, por fim, em geral por toda explicação, dedução, investigação causal e teoria unitária tem origem no medo de que a causa social do retrocesso atual venha à luz da consciência geral. Essa suposição também é trivial e unilateral.

Saúde e sociedade

Se entendermos por saúde a ausência de obstáculos ou constrangimentos cujas razões estejam na nossa própria personalidade – uma definição que não seria imprestável para esse difícil conceito –, então mostra-se logo uma conexão curiosa entre ela e a sociedade. Obstáculos ou constrangimentos tornam-se

Crepúsculo — Notas alemãs (1926-1931)

perceptíveis principalmente quando alguém ou bem não é capaz em absoluto de resolver as tarefas que precisa enfrentar necessariamente em sua existência ou o é apenas sob pena de um sofrimento superior à média. Isso se revela, no caso do trabalhador, quando ele trabalha não tão bem quanto seus colegas e por isso é despedido. Ou enfia a mão na máquina e é mutilado. Nessa esfera em que a realidade, na figura de contramestres e máquinas, traça limites estreitos ao redor dos homens, tornamo-nos rapidamente imprestáveis, inferiores, psiquicamente adoecidos. Não apenas o empresário do velho estilo, de tendência especulativa, possui em geral um espaço mais amplo, de modo a não esbarrar tão rapidamente nos obstáculos, mas também dificilmente é possível decidir faticamente se seus empreendimentos são, em cada caso, estúpidos ou geniais. Do mesmo modo, é muito mais difícil que o empresário moderno, o diretor do truste, seja considerado louco do que um de seus trabalhadores — e tanto mais difícil quanto mais ele puder se apoiar na posse de suas próprias ações da empresa. Pois os limites nos quais sua loucura — salvo ataques de fúria e outras formas "vulgares" semelhantes — poderia se mostrar são enormemente amplos. No caso do general comandante, no do imperador alemão enquanto ele estava no poder e principalmente no do governo mundial, não há qualquer possibilidade de se decidir se o seu mando seria loucura ou sabedoria.

Os não marcados

Quarenta anos atrás, a justiça divina ou da natureza se mostrava no capitalismo ao menos ainda no fato de que os exploradores eram "marcados". Quem passava bem longe da fome da humanidade tinha – como uma espécie de mancha de desonra – uma gorda pança. Essa justiça estética divina já deixou de existir há tempos. Não apenas os filhos e filhas dos grandes capitalistas, mas eles mesmos estão se tornando gente esbelta e esguia, modelos de elegância e autodomínio. A pança gorda se tornou um signo das pessoas menos importantes, a quem falta oportunidade para o esporte e a massagem. Elas normalmente estão condenadas a um modo de vida sedentário e pagam pelo seu escasso bem-estar não apenas com o medo de um derrame, mas também com o justo riso de troça do proletariado. Com seus noventa anos, Rockefeller joga golfe.

Domínio da Igreja

O leitor de uma obra histórica sobre a Baixa Idade Média ou sobre a Contrarreforma, cujos olhos avançam apressados e extraem do final da página a palavra "língua" e o nome de um homem, sem ainda ter entendido a conexão, irá involuntariamente acrescentar em complemento que o homem teve a língua cortada pela Santa Inquisição. Se, continuando a leitura, resulta então que o caso era apenas que ele era de língua alemã, então o leitor pode se sentir provisoriamente tranquilizado, mas, em não poucos casos, seu instinto de intuição antecipatória se confirmará, todavia, em alguma página seguinte.

Budismo

De determinado ponto de vista, o budismo originário aparece como uma postura particularmente viril. Ele ensina o desprezo pelos bens que não podem ser conservados com nossas próprias forças. Dentre esses bens estão todo o real: a vida, a saúde, a riqueza e até mesmo o eu.

O homem ordinário e a filosofia da liberdade

No socialismo, a liberdade ganharia realidade efetiva. As ideias acerca disso costumam ser menos claras na medida em que o sistema atual carrega o nome da "liberdade" e é visto como liberal.

Com isso, todo aquele que tem os olhos abertos e pouco dinheiro na carteira acaba travando conhecimento com esse conceito filosófico de modo frequente o bastante. Ele pede, digamos, a um conhecido um emprego em seu negócio. Isso não tem absolutamente nada a ver com filosofia. Mas o conhecido franze a testa e remete a uma impossibilidade objetiva. O negócio vai mal, ele inclusive precisou despedir muitos empregados. O demandante não pode levá-lo a mal, pois isso não está em seu poder, sua liberdade não vai tão longe.

O homem de negócios é dependente de leis que não foram elaboradas de modo ciente e voluntário nem por ele nem por nenhuma outra pessoa nem por nenhum poder delegado pelos homens para isso, leis das quais os grandes capitalistas e talvez ele mesmo se valham com habilidade, mas cuja existência deve ser aceita como um fato. Boa ou má conjuntura, inflação, guerras, mas, além disso, também as qualidades de coisas e de pessoas que são exigidas em razão da situação social dada, tudo isso é condicionado por essas leis, pela realidade social anônima, assim como a rotação da Terra é condicionada pelas leis da natureza morta. Nenhum indivíduo é capaz de fazer algo para mudar isso.

Max Horkheimer

O modo burguês de pensamento aceita essa realidade como algo sobre-humano. Ele fetichiza o processo social. Fala de destino, chamando-o de cego ou tentando interpretá-lo de modo místico; queixa-se da falta de sentido do todo ou se entrega à inescrutabilidade dos caminhos de Deus. Na verdade, todos aqueles fenômenos interpretados de modo místico ou percebidos como contingentes dependem do homem e da instituição de sua vida social. Por isso eles podem também ser modificados. Se as pessoas tomassem seu processo vital social conscientemente nas mãos e, no lugar da luta dos conglomerados capitalistas, pusessem uma economia sem classes e conduzida de modo planificado, então os efeitos do processo produtivo nas pessoas e em suas relações poderiam também ser compreendidos e regulados. Naquilo que hoje aparece como fatos dados da natureza nas relações privadas e sociais dos indivíduos, trata-se de repercussões incompreendidas da vida social em comum como um todo, ou seja, trata-se de produtos humanos, não divinos. Uma vez que esses efeitos da vida social existem de modo não controlado, não intencionado e inconsciente, como resultantes de muitas vontades particulares sem qualquer clareza nem sobre sua dependência nem sobre seu poder, também a liberdade do indivíduo é, no momento presente, lesada numa medida inauditamente maior do que a situação das forças existentes exigiria. Quando o homem de negócios recusa o pedido de emprego de um conhecido seu remetendo às circunstâncias que tornam impossível a satisfação do desejo, ele quer apontar para algo pura e simplesmente objetivo e totalmente independente dele, a realidade em si. Uma vez que as coisas se passam também para todos os demais, inclusive para o conhecido que pede o emprego, do modo como se passam

Crepúsculo – Notas alemãs (1926-1931)

para o homem de negócios, e uma vez que a realidade criada por eles próprios em sua atividade social se lhes defronta como algo alheio pelo qual têm de se orientar, então há, é verdade, muitos autores, mas nenhum sujeito consciente (e, assim, livre) das relações sociais, e as pessoas precisam se submeter, como a algo de alheio e superior, às situações que elas próprias continuamente produzem.

É claro que atos de conhecimento não são suficientes para modificar essa situação. É que o erro de modo algum está em que as pessoas não conhecem o sujeito, mas sim em que ele não existe. Trata-se de fomentar a existência desse sujeito livre e que configura de modo consciente a vida social: ele próprio não é outra coisa que não a sociedade socialista, que regula seu próprio ser e se organiza de modo racional. É verdade que há, na forma social atual, muitos sujeitos particulares cuja liberdade é limitada gravemente pela inconsciência de sua ação, mas não há nenhuma essencialidade produtora de realidade, nenhum fundamento unitário. Ao afirmar a existência atual de um tal fundamento, a religião e a metafísica procuram impedir as pessoas de criá-lo com suas próprias forças.

A falta de liberdade hoje obviamente não vale do mesmo modo para todos. A concordância do produzido com o interesse do produtor é um momento da liberdade. É verdade que todos os trabalhadores e mesmo as pessoas que não trabalham tomam parte na produção da realidade atual, mas a medida daquela concordância é extremamente distinta. Aqueles nos quais ela está presente em alto grau aparecem, de certo modo, como responsáveis por ela. Eles estão certos quando falam da "nossa" realidade no *pluralis majestatis*; pois, mesmo que não tenham eles próprios criado o mundo, não se pode descartar a suspeita de que o tenham disposto exatamente deste jeito. Para eles, pode ser bem conveniente que a produção e a conservação da realidade na forma social atual ocorram de modo cego. Têm motivos para afirmar o produto desse processo cego. Por isso, fomentam todas as lendas sobre sua origem. Mas, para aquele homem ordinário cujo pedido de emprego é rechaçado com referência às condições objetivas, é, ao contrário, extremamente importante que a origem dessas condições objetivas seja trazida à luz para que elas não permaneçam tão desfavoráveis para ele. Não apenas a sua própria não liberdade, mas também a dos outros se torna sua perdição. Seu interesse o aponta para uma clarificação marxista do conceito de liberdade.

Uma velha história

Era uma vez um jovem rico. Ele era tão encantadoramente amável que todas as pessoas lhe queriam bem. E não demonstrava sua amabilidade apenas a seus iguais, mas sobretudo a pessoas socialmente inferiores. Quando ele chegava ao negócio de seu pai, conversava com os empregados de um jeito enfeitiçante, e a cada vez que ia fazer compras na cidade, com sua conversa inteligente, colocava o vendedor ou a vendedora em um humor agradável pelo resto do dia. A fineza de seu caráter se mostrava em sua vida como um todo. Ele se prometeu a uma moça pobre e simpatizava com artistas e intelectuais pobres.

Então o negócio de seu pai foi à falência. Nas excelentes qualidades de nosso príncipe, nem um mínimo se modificou. Assim como antes, ele conversava de um jeito enfeitiçante quando ia fazer pequenas compras, manteve as relações com os artistas e tratava muito bem sua noiva. Mas veja só, os

Crepúsculo – Notas alemãs (1926-1931)

vendedores se irritavam com ele porque ele lhes tirava a atenção de seus negócios, os artistas descobriram sua falta de toda espécie de produtividade, e mesmo sua moça pobre o julgou incapaz e enfadonho e acabou deixando-o.

Essa é uma velha história; não valeria a pena contá-la novamente se ela não fosse regularmente mal compreendida. Não é que o príncipe tenha permanecido o mesmo e os outros tenham mudado – essa seria a interpretação usual e superficial –, mas foram as outras pessoas que permaneceram as mesmas, ao passo que o colapso dos negócios de seu pai fez com que o caráter de nosso príncipe adquirisse um sentido completamente diferente. Uma qualidade amável pode se tornar idiotice sem que nada tenha mudado em seu portador, salvo sua conta bancária.

Esse fato pareceria ainda mais óbvio e, ao mesmo tempo, mais inquietante do que na nossa história se o seu entorno já tivesse vindo a saber algum tempo antes do decurso infeliz dos negócios do pai enquanto o próprio jovem ainda nem suspeitasse dele. Então, de um príncipe cheio de dotes teríamos feito um imbecil sem que nada tivesse se modificado em sua consciência. Quão pouco paramos em pé por conta própria!

Aspiração desinteressada à verdade

Para testar o enunciado de que há uma aspiração pura e desinteressada à verdade, de que temos uma pulsão de conhecimento que é totalmente independente de todas as outras pulsões, pode ser bom realizar o seguinte experimento de pensamento: risquemos nosso amor por outras pessoas, assim como nossa própria carência por sermos valorados, até em suas formas mais sublimes; destruamos em princípio no pensamento a possibilidade de toda espécie de desejo e, com ele, de toda dor ou alegria; fantasiemos o pleno desinteresse pelo destino da sociedade e de todos os seus membros de tal modo que não reste nenhum amor e nenhum ódio, nenhum medo e nenhuma vaidade, mas tampouco a mais tênue fagulha de compaixão ou mesmo de solidariedade; coloquemo-nos assim no papel do morto que aparece como espectro (só que com a diferença de que seríamos não meramente impotentes como um espectro, mas tampouco teríamos qualquer relação com o passado ou o futuro, e assim nenhum motivo para assombrar) — então o que encontraremos é que, sob as condições do experimento de pensamento, instaura-se uma inquietante indiferença em relação a toda espécie de saber. O mundo aparece a nós tal como o corpo feminino ao ancião cujas pulsões se apagaram. A afirmação da aspiração desinteressada à verdade — irmanada com a vertigem da personalidade suprassocial — é uma ilusão filosófica posta para operar ideologicamente. Originalmente, a doutrina burguesa da pulsão pura pela verdade pode ter sido anunciada como contraposição à subordinação do pensamento a finalidades religiosas. Hoje, os catedráticos capitalistas negam em geral toda emoção humana em seu trabalho a fim de que não se descubra que praticam sua sabedoria para fazer carreira.

Se é então verdade que não há aspiração desinteressada à verdade, no entanto existe algo como um pensamento pelo pensamento, um pensamento fetichizado, um pensamento que perdeu seu sentido de ser meio para tornar melhores as condições humanas. Ele não deve ser confundido com a alegria de se colocar a força do pensamento para funcionar, que era própria, no quadro das correntes históricas progressistas, dos espíritos

Crepúsculo – Notas alemãs (1926-1931)

esclarecidos e altamente interessados. Ele é o arremedo do pensamento correto e não pode contar como uma aspiração à verdade, pois precisa colocar em seu lugar necessariamente um fantasma, isto é, a verdade absoluta e supraterrena.

Moral burguesa

Essa moral burguesa funciona magnificamente! Não é imoral que um senhor gaste todos os dias milhares de marcos, mas recuse um aumento de salário de vinte marcos a um empregado. Mas, se um escritor revolucionário ganha por aí algumas centenas de marcos e usa o dinheiro para desfrutar um pouco da vida, ou talvez se ele ganhar dinheiro regularmente com sua escrita radical sem deixá-la perder seu conteúdo decente e assim viver melhor que um trabalhador manual… cruzes! Que falta de caráter! A indústria alemã ficou mais poderosa do que nunca depois da guerra e da inflação, e, dentre os seus dirigentes, assim como dentre os príncipes e generais, é pouco provável que alguém tenha tido de cair no campo de batalha. Eles não mantiveram nenhuma de suas promessas. A horrível ruína das camadas médias do povo, que ainda está em curso bem diante de nossos olhos, é um prolongamento do sofrimento infligido pelos dominantes. O brilho dos grã-finos não é imoral, eles podem viver de modo decente, cultivado, religioso e ético. Mas, se alguns funcionários e dirigentes proletários que arriscam a pele todos os dias não morrem de fome ou ao menos não estão entre as vítimas da próxima saraivada de tiros contra os trabalhadores, então eles são uns canalhas que buscam apenas sua vantagem pessoal. Essa moral burguesa funciona realmente de modo impecável! Todo aquele que se engaja pela liberação de seus próximos pode estar certo de passar, no fim de sua vida, por um indivíduo particularmente vaidoso, ambicioso, egoísta, em suma, que padece incomumente das fraquezas humanas. A *chronique scandaleuse* dos revolucionários é o outro lado da moeda das lendas dos príncipes. A moral burguesa e a religião nunca são tão tolerantes como diante da vida dos ricos; e nunca tão rígidas como diante daqueles que querem eliminar a pobreza.

Teatro revolucionário ou "a arte reconcilia"

Enquanto a burguesia alemã de depois da guerra, por uma série de motivos, ainda permite o teatro oposicional, ele não pode exercer nenhuma influência subversiva. É certo que nele se refletem as lutas reais, e não se exclui que ele uma vez contribuiu para preparar a atmosfera da ação. Mas isso é algo que o teatro tem em comum com muitas instituições da sociedade burguesa.

A razão pela qual uma repercussão revolucionária duradoura do teatro está excluída hoje é que ele torna os problemas da luta de classes objeto de opinião e discussão coletivas, criando assim, na esfera da estética, uma harmonia cujo rompimento na consciência do proletário é a tarefa central do trabalho político. As pessoas que querem se liberar da dominação de outras e levantam a questão dessa liberação para um debate teórico coletivo junto daquelas que as dominam ainda estão na menoridade. A burguesia a quem é oferecida a possibilidade, no teatro ou na universidade, de se considerar competente nos interesses do proletariado e que pode se indignar coletivamente com os explorados sobre a sua sorte fortalece com cada aplauso o seu predomínio ideológico.

Crepúsculo — Notas alemãs (1926-1931)

Toda indignação individual ou coletiva que torna a indignação um objeto diante e junto da autoridade atacada é ainda uma indignação servil. A história do teatro contemporâneo e das peças teatrais pseudorrevolucionárias oferece uma confirmação grotesca desse fato. Se as peças oposicionais podiam alguma vez, em razão da situação real, efetivamente se tornar perigosas, os teatros burgueses há tempos pararam de montá-las. Eles sabem por quê.

Sobre a caracterologia

Capacidade de trabalho, destino, sucesso, entre outras coisas, dependem em enorme medida de quanto uma pessoa consegue se identificar com os poderes realmente existentes. Se se sentir unida à sociedade existente, seu caminho tomará um curso diferente do que se for capaz apenas de identificar-se com grupos de oposição ou mesmo se permanecer totalmente isolada espiritualmente. Como as razões da diferença de caráter se encontram sobretudo na infância, e como os processos decisivos se desenrolam na família, as causas psíquicas mais importantes para que alguém "fique no terreno dos fatos", para que essencialmente se adéque ou se rebele, parecerão, nas distintas épocas da história, tão semelhantes umas às outras quanto as relações familiares na sociedade de classes. Por isso, a psicanálise pode, em um dado caso, extrair conclusões justificadas sobre o desenvolvimento do "caráter" em questão.

Seus juízos dizem respeito, no entanto, apenas ao lado subjetivo das ações e do "caráter". Consideradas por si mesmas, podem ter sido causas semelhantes que levaram os homens em épocas históricas totalmente distintas a se identificar ou não com as camadas sociais de onde provinham, ou seja, que os tornaram "sociais" ou "antissociais". A psicologia é aqui incapaz de diferenciar. Por outro lado, o significado objetivo de uma vida muda de acordo com a condição da coletividade com a qual alguém aprende a se identificar, e essa condição não se desvela na psicologia, mas sim pela análise da situação social no instante histórico dado. A avaliação de uma pessoa segundo categorias psicológicas diz respeito então a apenas um lado de sua existência – e, quando se trata da história, de um lado em geral irrelevante –, e o mau costume atual de tratar de personalidades históricas apenas sob conceitos provenientes da psicologia, da biologia ou da patologia dá mostras da indiferença deliberada em relação ao significado da personalidade histórica para o desenvolvimento da humanidade.

As duas perspectivas, no entanto, só podem ser distinguidas de modo muito provisório. O conhecimento exato da situação histórica modificará e aprofundará a compreensão psicológica dos indivíduos que nela existiram; por sua vez, uma ação histórica não pode ser apresentada de modo claro sem a psicologia das pessoas agentes. Assim como, para a psicologia de Robespierre, é decisiva não apenas a questão geral sobre o papel social dos jacobinos, mas também o problema especial de em que medida suas ações beneficiavam a cada vez a camada mais avançada no interior da burguesia; do mesmo modo, inversamente, sua influência sobre os eventos históricos só pode ser compreendida com base em seus instintos e nas aspirações das massas por ele conduzidas. Se uma pessoa se identificou com a sociedade dos magnatas imperialistas dos trustes de 1928 ou com o capitalismo alemão de 1880, ou ainda com a burguesia francesa pré-revolucionária do século XVIII, se alguém se sente

Crepúsculo – Notas alemãs (1926-1931)

uno atualmente com a pequena burguesia, com a nobreza estamental ou com o proletariado, isso pode remeter a vivências de infância totalmente similares, pode corresponder a tendências psíquicas semelhantes. Um conceito de caráter que não registre a variedade dos papéis históricos daquelas coletividades e que descarte, junto dos caráteres, as pessoas que com eles se identificam, porque todos afirmam a coletividade na qual cresceram, será tão vazio quanto um pacifismo que condene igualmente como violentos tanto uma guerra colonial quanto um levante em uma penitenciária.

O modo como a teoria materialista da história e a psicologia têm por necessárias uma à outra na apresentação da vida histórica não é, todavia, o mesmo. Uma historiografia materialista sem psicologia o bastante é imperfeita. A historiografia psicologizante é um equívoco.

Os encalhados

Entre os tipos particulares de ressentimento, destaca-se a amargura impotente dos encalhados na vida. Há uma linha que começa no pai de família de condição financeira média senil ou mesmo apenas debilitado, que já não é capaz de satisfazer corretamente suas diversas obrigações, e que, por conta disso, é tratado com menosprezo pelos seus; passa pelo encrenqueiro pobre e velho que um dia foi um jovem rebelde de gênio; e chega até o interno fanfarrão de um abrigo para moradores de rua. O que eles têm em comum é que começaram com a ideia de conquistar o mundo e terminaram como tristes figuras. Todos eles trovejam contra o mundo e a sociedade em geral e, em particular, contra as pessoas com quem têm alguma relação, e

Max Horkheimer

todos experimentam o fato de que sua indignação com as pessoas não tem peso algum.

Mas ela não tem realmente peso algum? Pois essas pessoas cujos planos de juventude não se realizaram puderam comparar as velhas expectativas com a experiência de vida com menor exatidão do que as pessoas mais hábeis, que puderam adaptar não apenas seus planos, mas também seu coração à realidade, com a qual agora estão profundamente comprometidas? Não é justamente essa incapacidade de adaptação, que frustra uma velhice desanuviada, aquilo que oferece uma certa garantia de um juízo desanuviado? A objeção de que a prática lhes foi injusta não seria mais aguda do que a constatação de que o assassinato judicial teria refutado a declaração de inocência de sua vítima. Seria uma aplicação tola do enunciado de que a teoria precisa ser confirmada pela práxis se quiséssemos ver o sucesso individual na sociedade vigente como seu critério de correção das opiniões daqueles que não têm sucesso. A impotência dos encalhados não é hoje, nem na menor medida, argumento contra a objetividade de seu juízo, pois a ordem dessa sociedade é ruim; quem é arruinado por ela não está sentenciado.

Observação 1: a confissão do herege no leito de morte não refuta nem uma frase de suas opiniões ateias. Mais de um espírito esclarecido estipulou, em dias em que gozava de saúde, que suas palavras influenciadas pela dor e pela doença não deveriam valer. É uma invenção imemorial e infame das classes dominantes que a verdade de um enunciado precisaria ser selada pelo testemunho de sangue. Assim, fez-se dos meios de repressão argumento contra a verdade dos espíritos mais livres. Mas apenas o quinhão de economia escravagista burguesa em Sócrates, que se vinculava de modo historicamente necessário

Crepúsculo — Notas alemãs (1926-1931)

aos seus ensinamentos, apenas o que havia de ideológico em sua doutrina é que pode ter evitado que ele escapasse de sua prisão e pudesse perguntar: o que a minha vida tem a ver com a correção da crítica às condições atenienses?

Observação 2: medir "o" sucesso de uma vida por aquilo que alguém é e tem no seu fim — quanto equívoco! A relação entre o estado final da existência e a quantidade de ponderações corretas e mesmo as ações bem-sucedidas é totalmente contingente. É impossível inferir o todo a partir do fim. Se alguém salva mil pessoas do afogamento e se afoga no salvamento da milésima primeira, não se pode concluir: "Ele não sabia nadar, pois se afogou". Justamente por isso, tampouco a morte na primeira tentativa prova qualquer coisa. Sobre o destino externo das pessoas individualmente, o que costuma ser decisivo atualmente são menos as suas qualidades do que o cego acaso.

Uma crítica diferente

Uma das mais importantes funções da religião consiste em pôr à disposição dos atormentados, com sua simbologia, um aparato por meio do qual eles exprimem seu sofrimento e sua esperança. Seria tarefa de uma psicologia da religião respeitável distinguir, nessa função, aquilo que é positivo e o que é negativo, separar os sentimentos e as representações humanas corretas de sua forma ideológica que os falsifica, mas que também é, em parte, determinada por eles.

O aparato religioso nem sempre operou historicamente como desvio da prática mundana, mas, em parte, também desenvolveu as energias que hoje desmascaram esse desvio. A ideia de uma justiça incondicionada em relação ao elemento terreno está contida na crença na ressureição dos mortos e no Juízo Final. Se junto desse mito nos desfizéssemos também daquela ideia, então a humanidade seria privada de uma representação que a impele para adiante e que atualmente, no entanto, não como crença, mas como critério, volta-se tanto contra o poder dominante quanto contra a Igreja em particular.

A crítica à religião como mera ideologia é justificada quando nela se revela que os impulsos até então disfarçados de religiosos (por exemplo, a insatisfação com a ordem terrena) hoje agem de outras formas. A vida do revolucionário é por si só essa revelação mesma. A crítica do burguês à religião, porém, na maior parte das vezes, não contém qualquer revelação. Em vez disso, combina-se de modo fatal com a cegueira para qualquer outro valor que não seja seu lucro pessoal. O materialismo e o positivismo burgueses não serviram menos ao interesse no lucro do que o idealismo nacionalista* que lhes segue o rastro. Enquanto o burguês materialista tentava dissuadir as massas sobre o além, a era burguesa liberava, em troca, o móbil econômico da ação, que podia ser satisfeito no aquém para própria vantagem da burguesia e, por momentos, até mesmo para vantagem das massas. Aquele ateísmo era uma cosmovisão da prosperidade relativa. O idealismo nacionalista martelou de volta na cabeça das massas a ideia do além, pois o móbil econômico não é mais capaz de se satisfazer neste mundo. Mas ele não é uma simples recaída na religiosidade pré-burguesa, pois o além existe nele apenas ao lado de outras ideologias multiplamente contraditórias. No que realmente importa, o cristianismo hoje

---

* *"Völkisch"*. Cf. a nota da p.74. Adiante neste mesmo aforismo, "nacionalismo" traduz *"Nationalismus"*. (N. T.)

Crepúsculo – Notas alemãs (1926-1931)

não é religioso, mas utilizado como uma tosca transfiguração das condições existentes. O gênio dos dirigentes políticos, militares e econômicos, e sobretudo a nação, disputam com Deus o posto mais alto.

Mesmo a ideia de nação contém um núcleo produtivo sob uma figura distorcida. O amor pelo povo e pelo país foi, desde o Iluminismo, a forma como os interesses comuns supraindividuais se tornavam conscientes. Ele não se opunha apenas ao egoísmo estreito dos burgueses atrasados, mas sobretudo aos interesses estamentais da nobreza. Era Napoleão, e não os Bourbon, quem podia se servir bem dele. Hoje, o conceito de nação, que originalmente abrangia o sentido da vida da coletividade, está se rebaixando a meio ideológico de poder nas mãos dos barões da indústria associados, dos latifundiários e seus partidários. Assim como dirigem as massas com o aparato religioso esvaziado de sentido e degenerado a mero portador da moral capitalista, eles também o fazem com o nome fetichizado da nação, por trás do qual escondem seus interesses particulares. Segue-se que aqui vale o mesmo que no caso da religião. Também a crítica à nação enquanto símbolo decadente é justificada quando nela se releva que os impulsos até então disfarçados de nacionais (aqui, então, o sentimento de solidariedade com a coletividade) hoje agem em outras formas. A crítica burguesa ao nacionalismo costuma ser estreita e reacionária. Ela não localiza o núcleo positivo que o nacionalismo certamente perdeu. Hoje, a figura na qual esse núcleo permanece vivo é sobretudo a solidariedade internacional dos explorados.

A crítica à religião e à nação só se torna compreensível por meio de seu índice social e histórico. Mas isso não pode ser tomado de modo excessivamente literal. Mesmo que tal crítica seja insuficientemente compreensível sem análise histórica, ela ainda assim contém, no entanto, um sentido verificável. A aliança da Igreja com os dominantes, por exemplo, quer seja constatada por um burguês, quer por um revolucionário, não deixa de ser um fato – e um fato tão mais escandalizante quanto mais se dirige contra o único momento com o qual a Igreja poderia se desculpar: contra aqueles que sofrem.

Sobre a psicologia da conversação

Se uma pessoa de origem modesta vem excepcionalmente a participar de uma conversação entre pessoas de posição elevada e de prestígio, ela dá às suas observações a forma subjetiva com mais frequência que os demais participantes. Assim como, na fala da criança, o pai e a mãe aparecem como as principais pessoas do mundo, o parceiro de conversação que não está no mesmo nível também se refere com mais frequência a seu círculo de vida privado. Ele não pronuncia sua opinião como constatação de um fato, mas vincula seu discurso a comunicações pessoais: "Sou da opinião de que... sempre pensei que... há alguns dias acabei de dizer à minha esposa... meu cunhado, que tem tal profissão, me contou... quando eu estava um dia desses no teatro...". Suas observações estão em clara relação com eventos de sua própria vida.

Dá no mesmo se os participantes mais afortunados da conversação estão ou não a par da posição social de seu parceiro: ele provoca embaraço tão logo toma a palavra. O interesse no que ele comunica é desapontado e enfraquecido pelo prelúdio pessoal, sua prolixidade produz um efeito cansativo, algo do

Crepúsculo – Notas alemãs (1926-1931)

odor de um quartinho se agarra a suas palavras. Se eles próprios quisessem fazer exatamente o mesmo, já não seria mais tão embaraçoso. Pois o quartinho das pessoas ricas e cultivadas, quanto mais cresce o poder de seu capital, é cada vez mais o mundo. Eles não têm conhecimento das personalidades vivas da política, da ciência e da arte apenas de segunda mão, mas podem falar delas de modo objetivo, assim como os pais falam dos filhos, as donas de casa falam dos empregados domésticos ou os operadores falam das máquinas que operam: eles sabem o que estes são e o que fazem. Mesmo sua vivência subjetiva é objetivamente interessante. Seu "penso" e seu "ouvi falar" têm mais valor que as confissões daquele indivíduo particular. Este faria melhor em se calar.

A impotência da classe trabalhadora alemã

No processo econômico capitalista, como mostrou Marx, há uma tendência à diminuição do número de trabalhadores empregados proporcionalmente ao uso de maquinaria. Uma porcentagem cada vez menor do proletariado é realmente empregada. Essa diminuição modifica também as relações recíprocas das camadas do proletariado entre si. Quanto mais o emprego momentâneo em geral ou até mesmo o emprego permanente e remunerado de um indivíduo se torna rara exceção, mais claramente se diferenciam a vida e a consciência dos decentes trabalhadores empregados e as das camadas em regra desempregadas. Com isso, a solidariedade de interesses dos proletários experimenta cada vez mais perdas. É verdade que houve também nas primeiras fases do capitalismo múltiplas estratificações da classe operária e distintas formas do "exército de reserva". Porém, apenas a mais inferior dessas formas, o lumpemproletariado propriamente dito (uma camada relativamente insignificante, na qual se recrutam os criminosos), demonstrava um contraste qualitativo óbvio em relação ao proletariado como um todo. De resto, em regra havia uma transição constante entre empregados e desempregados: quem não tinha trabalho podia amanhã ser empregado novamente, e quem tinha trabalho, depois de perdê-lo, se igualava a seus colegas desempregados nos aspectos mais relevantes. Nenhuma das diferenças que diziam respeito à capacidade de trabalho dos trabalhadores qualificados e não qualificados, dos doentes, dos velhos, das crianças e dos saudáveis podia evitar que a unidade da classe trabalhadora se expressasse também no destino de seus membros. Por isso, não apenas seu interesse na superação da dominação do capital era essencialmente o mesmo, mas também o era o engajamento nessa luta.

Hoje, o nome do proletariado – enquanto classe que experimenta em sua própria existência o lado negativo da ordem vigente, a miséria – é um nome que convém de modos tão distintos a seus componentes que a revolução parece facilmente um assunto particular. Para os trabalhadores empregados cujo salário e cujos anos de adesão a sindicatos e associações possibilitam certa segurança, mesmo que pequena, sobre o futuro, todas as ações políticas representam o perigo de uma perda enorme. Eles, os trabalhares regulares, se encontram em oposição àqueles que ainda hoje não têm nada a perder senão seus grilhões. Entre os que trabalham e os que só trabalham excepcionalmente ou nem isso há hoje um abismo semelhante ao que havia antes entre a inteira classe operária e o lumpemproletariado. Hoje, a verdadeira pressão da miséria repousa

Crepúsculo – Notas alemãs (1926-1931)

de modo cada vez mais inequívoco sobre uma camada social cujos membros estão condenados pela sociedade ao completo desespero. Trabalho e miséria se distanciam e são repartidos a portadores distintos. Isso não significa, por exemplo, que os trabalhadores estejam bem, que a relação capitalista tenha mudado seu caráter brutal para com eles ou que a existência do exército de reserva já não pressione os salários. De modo algum: a miséria dos trabalhadores continua ainda a ser condição e base dessa forma social, mas o tipo do trabalhador em atividade já não designa aquele que necessita com mais urgência de uma transformação. O que unifica determinada camada inferior da classe trabalhadora, uma parte do proletariado, é antes cada vez mais exclusivamente o mal e o desassossego do próprio existente. Esses desempregados, interessados de modo imediato e com a maior das urgências na revolução, não têm, no entanto, como o proletariado dos tempos anteriores à guerra, a capacidade de formação e de organização, a consciência de classe e a fiabilidade dos que, todavia, estão em regra integrados no funcionamento capitalista. A massa é oscilante, pouco há a se fazer com ela no que diz respeito à organização. Aos mais jovens que nunca estiveram no processo de trabalho, mesmo com toda a fé, falta a compreensão da teoria.

O processo capitalista de produção trouxe consigo, portanto, a separação do interesse pelo socialismo e as características humanas necessárias a sua realização. Essa é a novidade, cujo desenvolvimento, no entanto, pode remontar agora até o início do capitalismo. Uma ordem socialista efetivada seria ainda hoje algo melhor, para todos os proletários, que o capitalismo, mas a diferença entre as condições de vida atuais do trabalhador regularmente pago e sua existência pessoal no socialismo lhe aparece como algo mais incerto e vago que o risco da demissão, da miséria, da prisão ou da morte, risco que ele realmente deve esperar correr se participar do levante revolucionário ou, sob certas circunstâncias, mesmo de uma greve. A vida do desempregado, por sua vez, é um tormento. A repartição engendrada pelo processo econômico entre dois momentos revolucionários em distintas camadas consideráveis do proletariado, o momento do interesse imediato pelo socialismo e da consciência teórica clara, se expressa atualmente, na Alemanha, na existência de dois partidos trabalhistas e, além disso, por meio da flutuação de grandes camadas de desempregados entre o partido comunista e o nacional-socialista. Ela condena os trabalhadores à impotência fática.

A impaciência dos desempregados pode ser reencontrada, no âmbito espiritual, como a pura repetição das palavras de ordem do partido comunista. Com o volume de material elaborado pela teoria, os princípios não assumem uma forma adequada à atualidade, mas são retidos de modo não dialético. A práxis política também não logra, então, aproveitar todas as possibilidades para o fortalecimento das posições políticas e se esgota de modos variados nos comandos vãos e na repreensão moral dos desobedientes e dos desleais. Uma vez que praticamente todo aquele que ainda tem trabalho, ao ser confrontado com a certeza de rebaixar-se à miséria do desemprego, deixa de acatar as palavras de ordem grevistas dos comunistas e uma vez que mesmo os desempregados se tornam desesperados e fleumáticos diante do terrível aparato de poder que, apesar de ter se tornado inofensivo para o inimigo externo, apenas espera para ser "aplicado" internamente e para experimentar todas as armas – dos cassetetes de borracha, passando pela metralhadora,

Crepúsculo — Notas alemãs (1926-1931)

até o mais eficiente dos gases tóxicos — em uma guerra civil frívola e certamente sem quaisquer riscos, as indicações particulares do partido são rebaixadas no momento frequentemente à insignificância, o que necessariamente precisa exercer a pior das influências sobre a composição e a constituição de suas lideranças. Por essa razão, a aversão à pura repetição dos princípios pode ter, nos domínios espirituais mais afastados — a sociologia e a filosofia —, também ainda uma importância justificada pela situação: ela se volta contra o que há de vão ali.

Em contraste com o comunismo, a ala reformista do movimento operário perdeu aquele saber sobre a impossibilidade de uma melhoria efetiva das condições humanas no solo capitalista. Todos os elementos da teoria se lhe extraviaram, suas lideranças são a imagem exata do mais seguro dos membros: muitos buscam com todos os meios, inclusive abrindo mão da simples fidelidade, manter-se em seus postos; o medo de perder sua posição se torna cada vez mais o único motivo que explica suas ações. A necessidade ainda persistente de reprimir alguns restos de sua melhor consciência condiciona então a permanente prontidão desses políticos reformistas alemães a descartar com irritação o marxismo como um erro já superado. Eles nutrem mais ódio que a burguesia pelos pontos de vista teóricos precisos. As correntes culturais a eles correspondentes parecem, então, diferentemente da metafísica burguesa (igualmente ideológica, é verdade, mas muitas vezes realmente profunda e pregnante), ter o objetivo único de confundir, dissolver, pôr em questão, em suma, descreditar todos os conceitos e as opiniões determinadas e besuntar tudo com a mesma cor gris do relativismo, do historicismo e do sociologismo. Esses ideólogos da *Realpolitik* reformista se mostram como sucessores do positivismo que tanto combatem, na medida em que se posicionam contra a teoria e a favor do reconhecimento dos fatos. Mas, ao relativizar também ainda nosso conhecimento dos fatos e pôr como absoluto apenas o ato de relativizar ou de perguntar em geral, eles exercem sobre os desprevenidos o efeito do puro e simples aviltamento. A vida dos desempregados é o inferno, sua apatia é a noite, enquanto a existência atual da população empregada é o cotidiano cinza. A filosofia que lhes corresponde dá, por isso, a impressão de algo imparcial e sem ilusões. Como maneira de se conformar com o mau curso das coisas, ela tende a ligar a resignação terrena com a fé vaga em um princípio transcendental ou religioso completamente indeterminado. No lugar da explicação causal, põe a procura de analogias; quando não rejeita totalmente os conceitos marxistas, formaliza-os e os acondiciona à academia. Os princípios dessa filosofia democrática tardia são ainda eles próprios tão rígidos quanto os de seus predecessores, mas, ao mesmo tempo, são tão abstratos e frágeis que seus autores conceberam uma infeliz afeição pelo "concreto" – que, no entanto, só se revela de fato a um interesse proveniente da práxis. O concreto é para eles o material com o qual preenchem os seus esquematismos, e não algo que se organiza pela tomada consciente de posição na luta histórica, acima da qual eles acreditam antes pairar.

Assim como a posse das capacidades positivas que o trabalhador adquire por sua integração no processo de trabalho capitalista e a experiência de toda a desumanidade desse processo estão atualmente distribuídas entre as distintas camadas sociais, também se encontram isolados e dispersos entre os intelectuais de esquerda (a começar pelos funcionários

Crepúsculo – Notas alemãs (1926-1931)

políticos, indo até os teóricos do movimento operário) os dois momentos do método dialético: o conhecimento dos fatos e a clareza sobre os fundamentos. A fidelidade à teoria materialista ameaça se tornar um culto às pessoas e à literalidade do texto, sem qualquer espírito ou conteúdo, se não ocorrer logo nenhuma virada radical. O conteúdo materialista, isto é, o conhecimento do mundo efetivo, está, por sua vez, em posse daqueles que se tornaram infiéis ao marxismo; por isso, ele está a ponto de perder o único traço que o distinguia: a saber, o de ser conhecimento. Sem o princípio materialista, os fatos se tornam signos cegos, ou antes recaem no âmbito dos poderes ideológicos que dominam a vida espiritual. É verdade que os primeiros reconhecem a sociedade vigente como uma sociedade ruim, mas lhes faltam os conhecimentos necessários para preparar, prática e teoricamente, a revolução. Os segundos poderiam talvez produzir esses conhecimentos, mas eles carecem da experiência fundamental da necessidade premente da mudança. Os social-democratas têm, portanto, razões de sobra para suas querelas internas. Eles consideram meticulosamente todas as circunstâncias, demonstram assim reverência à verdade e à objetividade e humilham seus opositores ignorantes com a variedade de seus pontos de vista. Os comunistas têm razões de menos, quer dizer, frequentemente recorrem não a razões, mas apenas à autoridade. Convictos de ter a inteira verdade consigo, não analisam as verdades individuais e obrigam com a força moral e, caso necessário, também com a força física, seus opositores sabichões a verem a razão.

A superação dessa situação teórica depende tão pouco da mera boa vontade quanto a supressão da situação prática que a condiciona, a dissociação da classe trabalhadora. Ambas as situações, em última instância, são produzidas e reproduzidas necessariamente pelo decurso do processo econômico, que mantém grande parte da população afastada das vagas de trabalho desde seu nascimento e a condena a uma existência sem perspectivas. Não faz nenhum sentido diagnosticar arrogantemente os sintomas espirituais e fingir que aquele que constata a situação pode se subtrair a suas consequências. Em cada um dos dois partidos existe uma parte das forças das quais o futuro da humanidade depende.

Ateísmo e religião

Ser completamente isento de toda crença na existência de um poder independente da história e que, todavia, a determina: essa falta faz parte da mais primitiva clareza intelectual e veracidade do ser humano moderno. Mas como é difícil não voltar a fazer desse próprio fato também uma religião! Na medida em que os horrores da vida e da morte, que tornam férteis os solos da alma para as religiões positivas, não tenham se tornado menores em razão do trabalho de uma sociedade mais justa, mesmo o espírito livre de superstição, diante da miséria, se refugiará em um estado de ânimo que tem algo da tranquilidade acolhedora do templo, ainda que o templo tenha sido erigido para desafiar os deuses. Em uma época em que a sociedade humana não foi além do que a atual, ainda há, mesmo nas pessoas mais avançadas, domínios em que são pequeno-burgueses. Enquanto os seres humanos não são capazes de se ajudar, eles necessitam dos fetiches, mesmo que sejam os de sua miséria e os de seu abandono.

Observação: contra os filósofos a serviço da religião, é preciso dizer que a necessidade de fazer da irreligiosidade uma religião

Crepúsculo – Notas alemãs (1926-1931)

é uma necessidade fática, não uma necessidade lógica. Não há razões lógicas que obriguem a colocar algum outro absoluto qualquer no lugar do absoluto deposto, outros deuses no lugar dos deuses depostos, a negação no lugar da adoração. Mesmo hoje as pessoas já poderiam esquecer a irreligiosidade. Mas elas estão muito fracas para isso.

O arranha-céu

Se fizéssemos um corte transversal na estrutura da sociedade no presente, é mais ou menos isto o que teria de se apresentar: no topo, os magnatas dos trustes de diferentes grupos de poder capitalistas, que são os dirigentes, mas também se combatem uns aos outros; logo abaixo, os magnatas menores, os grandes proprietários fundiários e todo o quadro de pessoal de colaboradores importantes; logo abaixo, parceladas em camadas individuais, as massas das profissões liberais e dos funcionários menores, dos lacaios políticos, dos militares e catedráticos, dos engenheiros e chefes de escritório, até chegar às datilógrafas; ainda um andar mais abaixo, o restante das pequenas existências independentes, os artesãos, os comerciantes, os agricultores e *tutti quanti*, e depois o proletariado, desde as camadas de trabalhadores qualificados mais bem remuneradas, passando pelos não qualificados, até os permanentemente desempregados, os pobres, os velhos e os doentes. É abaixo disso que começa propriamente o fundamento de miséria sobre o qual essa estrutura se erige, pois até agora falamos apenas dos países de capitalismo avançado, e sua vida como um todo é carregada pelo terrível aparato de exploração que opera nos territórios coloniais e semicoloniais, ou seja, de longe na maior parte do planeta. Vastas áreas dos Bálcãs são um porão de tortura, e a miséria das massas na Índia, na China e na África excede tudo o que se pode conceber. Embaixo dos espaços nos quais os *coolies* da Terra sucumbem aos milhões, apresentar-se-iam então o sofrimento inefável e inimaginável dos animais, o inferno animal da sociedade humana, o suor, o sangue, o desespero dos animais.

Fala-se muito hoje de "intuição de essências". Quem, uma única vez sequer, tenha "intuído" a "essência" do arranha-céu em cujos andares mais altos permite-se que nossos filósofos filosofem já não se surpreende mais que eles saibam tão pouco sobre a altura real em que se encontram, mas que falem sempre apenas sobre uma altura imaginada; pois sabe, como eles mesmos podem suspeitar, que se soubessem sentiriam vertigens. Não se surpreende mais que eles prefiram estabelecer um sistema de valores a um sistema de desvalores, que eles prefiram tratar "do ser humano em geral" a tratar dos seres humanos em particular, do ser pura e simplesmente a de seu próprio ser: do contrário, como punição, eles poderiam ter de se mudar para um andar inferior. Não se surpreende mais que eles tagarelem sobre o "eterno", pois é a sua tagarelice que aglutina, como um componente de sua argamassa, essa casa da humanidade contemporânea. Essa casa, cujo porão é um abatedouro e cujo teto é uma catedral, de fato oferece, das janelas dos andares mais altos, uma bela vista do céu estrelado.

Os ricos e suas modestas carências

A modéstia das carências das pessoas ricas desafia à seguinte comparação: um moribundo que não é mais capaz de andar tem o desejo de dar ainda mais um passeio pelo jardim. O tio explica então à tia, de modo que o enfermo possa ouvir, que ele próprio precisa trabalhar e irá pular o passeio. A modéstia das carências das pessoas ricas é vil, mais vil que a abstinência do tio do exemplo, pois este não pode dar de presente a saúde ao enfermo.

Símbolo

Um mendigo sonhou com um milionário. Quando acordou, encontrou um psicanalista, que lhe explicou que o milionário simbolizava seu pai. "Que estranho", respondeu o mendigo.

Caim e Abel

A história de Caim e Abel é a recordação mitologizada de uma revolução, de uma ação de libertação dos escravos contra seus senhores. De imediato, os ideólogos interpretaram o levante como produto de um ressentimento: "Caim então ficou muito enfurecido e andava de cabeça baixa".*

Mas, se a narrativa bíblica tivesse de ser tomada literalmente, Caim poderia ter inventado aquele conceito no momento em que o sangue de Abel gritava aos céus: "Não escute esse grito, ele grita por ressentimento".

A luta contra o burguês

Nas lutas de classe do século XIX, a palavra "burguês" assumiu o caráter de uma mortal declaração de guerra. "Burguês"

---

* Gen 4, 5. Bíblia Sagrada Edição Pastoral. (N. T.)

significava explorador, sanguessuga, e deveria atingir todos os que estivessem interessados em que a má ordem social seguisse em vigor. Esse sentido foi esclarecido e estabelecido em detalhes pela ciência marxiana. Mas mesmo os completamente reacionários opositores feudais do capitalismo – uma tradição na esteira do romantismo – colocaram um sentido pejorativo na palavra "burguês". Os restos dessa ideologia foram acolhidos pelos movimentos nacionalistas* de todos os países. Como a *bohème* de antes da guerra, todos eles pintam o burguês aproximadamente como um bicho-papão; contrapõem ao mau tipo humano "burguês" da época passada, principalmente do século XIX, o tipo do novo humano do futuro. Ao fazer isso, falam de como eles são opostos no que diz respeito ao núcleo biológico, à raça, ao modo de pensar etc.

O grande capital se sente totalmente confortável com esse segundo sentido degradante da palavra "burguês", pois assim abstrai-se do aspecto econômico. Ele gosta tanto de se servir da ideologia aristocrática quanto os oficiais aristocratas. Com a luta moderna contra a mentalidade "burguesa", é justamente o próprio grande capital que é deixado de fora da discussão. Aqueles que têm o capital à sua disposição já se livraram há muito tempo das formas de vida a que essa luta diz respeito. Quase nenhum dos traços de caráter que marcavam, em certos períodos do século anterior, o pequeno burguês pessoalmente ambicioso, pedante e em luta por seu sustento procede quanto aos magnatas dos trustes e seu entorno sofisticado e "cosmopolita". Essas características embaraçosas resvalaram para

---

* *"Völkisch"*. Cf. nota da p.74. A seguir neste aforismo, "nacionalista" verte sempre a palavra *"völkisch"*. (N. T.)

Crepúsculo – Notas alemãs (1926-1931)

a camada de classe média inferior, sem posses, que se encontra em uma posição defensiva do pouquinho que desfruta na vida. A boa sociedade vive hoje em um nível tão alto, suas fontes de renda estão tão separadas de suas personalidades, que as formas de consciência da competição mesquinha podem ser totalmente suprimidas. Assim, a grande burguesia se alegra em deixar seus ideólogos avançarem esse ataque contra os burgueses que ela na verdade arruína com a concentração real de capital. Os proletários não têm nada a ver com essa luta contra os "burgueses". Na época em que dominava esse tipo econômico que hoje vem sendo extirpado pelo capital, os proletários tinham de ver nele seu principal inimigo. Salvo no caso de constituírem milícias nacionalistas, hoje são essas as camadas a serem neutralizadas ou arrastadas. No linguajar proletário, "burguês" denota, como sempre, o explorador, a classe dominante. Também no âmbito da teoria, a luta é sobretudo contra essa classe, com a qual não se tem nada em comum. Quando os metafísicos modernos tentam criticar sociologicamente a história da filosofia como o desenvolvimento do pensamento "burguês", não se dirigem de forma alguma aos traços dessa classe que o proletariado precisa ultrapassar. Com isso, esses ideólogos querem apenas estigmatizar e apagar os resíduos teóricos da época revolucionária da burguesia. O proletariado também diz sim ao declínio dos estratos médios, mas por razões distintas das do capital. Para o capital, trata-se do lucro; para o proletariado, da liberação da humanidade.

Não, obrigado, não precisamos de uma terminologia segundo a qual aquilo que melhor expressa a vida burguesa não é a posse de um Rolls-Royce, mas uma senhora da pequena burguesia que, sem outras distrações, sente ciúmes de seu marido.

Max Horkheimer

Educação para a veracidade

O clero católico sempre teve a tendência a não reprovar muito enfaticamente pensamentos heréticos, desde que eles ficassem apenas guardados no peito ou fossem revelados somente durante a confissão. Nossa moral burguesa é mais severa: se alguém guarda um pensamento revolucionário, deve ao menos enunciá-lo, mesmo se ou justamente se ele for um pensamento sem efeitos – para que assim se possa, como consequência, persegui-lo. Não são os seus amigos, mas os seus inimigos que instintivamente se fazem profetas da coragem revolucionária.

O que importa aqui para eles não são os pensamentos, pois os consideram equivocados; o que lhes importa, como eles dizem, é o cumprimento da exigência de que "se defendam com a cabeça erguida as próprias convicções". Esse pedantismo sádico tem duas causas: a vontade que o opositor declarado tem de extirpar de cabo a rabo a revolução e a inveja que aqueles que parecem simpatizar com ela têm dos que ousam guardar, com cuidado, inalterados os pensamentos que os primeiros reprimem em prol de sua ascensão na carreira. A moral burguesa é como um mestre-escola que não apenas trata a pancadas os maus meninos que não se comportam, mas exige também que eles se acusem quando lhes vier à cabeça a mera ideia de uma traquinagem. A educação para a veracidade! Os pensamentos fechados nas cabeças constituem eles mesmos um prazer proibido que os bons meninos evitam. Além disso, lá nas cabeças em que se encontram cerrados, eles poderiam amadurecer até irromper em algum momento em que o mestre-escola teria dificuldades de dominá-los com sua vara.

Crepúsculo – Notas alemãs (1926-1931)

Valor do ser humano

Na economia capitalista, é somente no mercado que cada um descobre o valor das mercadorias que produziu. Não é a sua estimativa pessoal que decide sobre esse valor, mas o aparelho anônimo de trocas da sociedade. Mercadorias completamente invendáveis são sucata. É também assim que as pessoas são tratadas. Aquilo que alguém vale é determinado pelo aparelho anônimo da sociedade. É verdade que precisamos ainda aceitar que o nascimento desempenha também um papel essencial. Ele se oferece a uma analogia com a patente e o monopólio. Assim como no caso de uma mercadoria, porém, não é o arbítrio privado que decide sobre o modo como nos deparamos com uma pessoa, mas o seu valor de mercado, ou seja, o êxito social que o seu nascimento e as suas capacidades lhe proporcionaram e, além do êxito, também ainda as oportunidades que ele traz consigo, favorecendo novos êxitos futuros. Quem valora é a sociedade, não o indivíduo. Ou melhor: as valorações feitas pelo indivíduo são determinadas pela sociedade. É assim a tal ponto que, em pequenas empresas, o chefe respeita menos o seu próprio empregado do que os empregados dos concorrentes; ou ao menos ele vacila sempre que o controle do aparato social de valorização das pessoas (que não depende dele) deixa de dar um sinal inequívoco do valor dos seus empregados. Afinal, o preço de toda mercadoria pode diminuir a qualquer momento.

Isso é bastante compatível com o fato de que posso, na condição de empregado pobre ou de médico sem pacientes, gozar, no meu círculo mais próximo, de certa dose, mesmo que modesta, de respeito. Esse respeito depende essencialmente da convicção de que as características socialmente valorosas estão presentes em mim, apenas estando prejudicadas em se fazerem valer e em se colocarem em prática em razão de certas circunstâncias "contingentes". No pano de fundo dessa avaliação, no entanto, está em ação a orientação tácita pelo processo de produção da sociedade capitalista. O fato de não se ter conseguido nada só é perdoado pela crença de que se poderia ter conseguido algo. Há um conceito clandestino, fixamente estabelecido, frequentemente inconsciente, mas profundamente arraigado de justiça e autoridade na sociedade capitalista. Ele determina até a mais terna das relações amorosas e constitui um espírito comum que atravessa dos nacionalistas alemães* até a burocracia socialista.

A mulher em Strindberg

No teatro de Strindberg, a mulher aparece como uma criatura má, dominadora e vingativa. Essa imagem evidentemente provém da experiência de um homem impotente nas relações sexuais normais, pois é em semelhante companhia que a mulher costuma se tornar tal como Strindberg a representa. Esse seu modo de ver é o exemplo da superficialidade burguesa que, em vez de ir ao fundamento das coisas, prefere atribuir tudo à natureza, ou melhor, a um caráter eterno.

Responsabilizar em última instância a impotência do homem pela maldade da mulher tal como Strindberg a via

---

* "*Deutschnationale*", isto é, do DNVP (*Deutschnationale Volkspartei*), partido conservador alemão do período da República de Weimar que mais tarde perderia o perfil de seu eleitorado para o NSDAP, o partido nazista. (N. T.)

Crepúsculo – Notas alemãs (1926-1931)

significa, no entanto, recair no mesmo erro que o próprio Strindberg, pois a impotência, assim como a avaliação da relação sexual normal como forma legítima do prazer, é ela própria um produto social. A incapacidade do homem de realizar as ações sexuais desejadas pela mulher e inclusive reconhecidas por ele próprio como critério do valor masculino resulta do fato de que ou bem ele esgotou suas forças antes do casamento ou tem necessidade de outras formas de satisfação. Assim como todas as avaliações depreciativas a esse respeito, esta também pode ser explicada a partir da história da sociedade e pelo destino que ela reserva ao homem. Strindberg reteve bons retratos da mulher má, do homem impotente e do inferno que eles vivem em determinado momento histórico, mas ele eternizou essas relações enquanto condições biológicas, e por isso não as compreendeu. Ibsen, considerado "mais superficial", lhe é superior, pois conecta conscientemente as dificuldades matrimoniais a uma forma transitória da família, e, assim, à história.

Poder, direito, justiça

"O poder precede o direito" é um ditado enganoso, pois não é que o poder precise concorrer com o direito, mas sim que o direito é um atributo do poder. O poder tem o direito, a impotência precisa dele. Enquanto o poder é incapaz de conceder ou recusar um direito, ele próprio é limitado, e isso de modo algum pelo direito, mas por outros poderes que lhe são contrários.

Esse dado é obscurecido pelo fato de que o direito em vigor no Estado burguês parece ganhar vida própria enquanto uma convenção entre os poderes existentes nesse Estado, especialmente se seu portador for uma burocracia relativamente neutra em relação aos distintos partidos burgueses. Todavia, a verdade se manifesta tão logo os poderes dominantes, ou melhor, os grupos no interior da classe dominante estejam imediatamente unidos em acordo, ou seja, quando se trata de estar contra o proletariado. Então, independentemente de como se formule, a eficácia do direito se mostra como a expressão precisa de quão longe seu poder alcança. Se a anedota do moleiro de Sanssouci* não fosse uma invenção, o sucesso do moleiro seria devido, em última instância, à graça do rei ou ao poder da burguesia – não ao direito em si.

Isso vale para o direito positivo. Por outro lado, no conceito de justiça se resumem as reivindicações dos oprimidos em cada tempo. Por isso, ele é tão oscilante quanto essas próprias reivindicações. Seu conteúdo hoje diz respeito, em última instância, à abolição das classes e, com isso, como é claro, à supressão do direito no sentido exposto. Com o cumprimento da justiça, desaparece o direito.

Graus de cultura

Se um homem malvestido entra em uma loja, uma residência ou um hotel, ou mesmo se tem algo para resolver em uma repartição, ele experimenta, assim como em sua vida em geral,

---

* Trata-se de uma história apócrifa e tradicional sobre um moleiro que teria apelado ao direito para recusar-se a entregar ao monarca prussiano Frederico II sua propriedade rural, o terreno onde viria a ser construído o Palácio de Sanssouci, em Potsdam. A história vale como uma espécie de mito sobre a igualdade do soberano e do súdito perante a lei. (N. T.)

Crepúsculo – Notas alemãs (1926-1931)

um acolhimento infinitamente menos gentil do que ocorre com o bem-vestido. A boa sociedade o reconhece como alguém de fora pelas roupas com as quais o vestiu.

Há algo semelhante no domínio da "cultura". Quem não tem dinheiro para comprar livros, não tem tempo para estudá-los, não cresceu em um meio cultural elevado e não fala a sua linguagem pode ser reconhecido depois de pronunciar apenas umas poucas palavras. E, assim como uma série de transições conduz do mendigo a quem a dona de casa fecha a porta logo após abri-la até a pessoa íntima recebida sem necessidade de se anunciar na mais refinada sociedade, há uma série contínua de sinais exteriores que tornam reconhecíveis os graus de pertencimento dos cultivados. Nos trabalhadores e autodidatas burgueses, é evidente que cada uma de suas palavras carrega a marca da falta de habilitação. Mas mesmo dentro de si mesma a hierarquia dos cultivados possui classificações finas. Quem é obrigado a recorrer ao empréstimo de livros da biblioteca acaba só os obtendo um bom tempo depois da publicação e tendo de devolvê-los com pressa. Este é inferior àquele que pode comprar os livros, e este, por sua vez, o é em relação àquele que mantém discussões regularmente sobre o que lê. Realmente bem orientados são somente os poucos que mantêm um trato com os próprios autores, viajam muito, com frequência passam um tempo nos centros intelectuais do mundo e experimentam os problemas e as posições que são hoje importantes. Como é que alguém que não é *expert* no mais estreito domínio especializado pode saber justamente qual particularidade de estilo e de concepção importa em uma obra literária, científica ou filosófica? No entanto, os motivos fortuitos e opacos dos quais isso depende só podem ser encontrados, em sua maior parte, em conversas com os próprios áugures. Os traços que tornam visível a falta de cultura são infalíveis. Nos níveis mais altos, o uso de uma palavra, justamente por estar em geral na moda, pode soar tão banal quanto, em níveis mais baixos, uma expressão já antiquada. Nas pessoas cultivadas, esses signos da má formação passam uma impressão tão embaraçosa quanto um terno que não cai bem passa a uma dama sensível.

Na época em que a intelectualidade burguesa era progressista, esses segredos do trato social podiam representar um momento do progresso. Hoje, quando os conteúdos da linguagem culta, assim como a sociabilidade capitalista em geral, se distanciaram das preocupações da humanidade, essas peculiaridades assumiram um caráter grotesco e irritante. Os graus da cultura adequados à época deixaram completamente de ser níveis do conhecimento. Eles designam diferenças de uma rotina vã, que opera com a aparência de profundidade filosófica. Ser versado naquilo que se passa no dito mundo intelectual a ponto de revelar uma afinidade com ele, o traje de uma vestimenta cultural adequada à época, isso representa hoje uma distância muito maior e mais definitiva da causa da liberdade do que um terno de bom tecido e caimento. Este pode ser despido, ao passo que aquela afinidade pode apenas ser negada.

O amor e a estupidez

A alegria do domador pelo apego de um leão é eventualmente perturbada quando ele se lembra de que um fator importante para isso é a estupidez da fera. Uma vez que um aumento da consciência de sua própria força acabaria destruindo o vínculo, sua ternura atual deixa de ter especialmente muito valor.

Crepúsculo – Notas alemãs (1926-1931)

Quanto mais o domador pode se orgulhar de sua arte de adestramento, menos o afeto do leão o bajula. Não queremos ser amados por falta de inteligência. A soberba de alguns senhores pela devoção de seus serviçais, a dos latifundiários pela de seus trabalhadores rurais, é uma caricatura do sentimento de valor próprio que flui da consciência de ser realmente amado.

Indicações

O caráter moral do ser humano pode ser reconhecido com segurança em determinadas questões. Essas questões diferem em cada época e, na maior parte das vezes, também em cada estrato social. De modo algum elas se referem sempre a objetos de mesma ordem de grandeza. No primeiro século do nosso calendário, a questão-chave entre os funcionários de determinadas partes do Império Romano era decididamente a questão do cristianismo. Na Alemanha, em 1917, era já a questão da qualidade do pão de batata. Nos anos 1930, a posição em relação à Rússia lança luz sobre o modo de pensar de uma pessoa. É extremamente problemático o modo como as coisas estão por lá. Eu não saberia dizer para onde vai o país, sem dúvida há muita miséria. Mas quem, entre os instruídos, não percebe nada do sopro dos esforços que vêm de lá e se comporta de modo leviano e arrogante sobre isso, quem a essa altura se exime da necessidade de pensar, este é um pobre camarada cuja companhia não traz nenhum ganho. Quem tem olhos para a injustiça sem sentido do mundo imperialista, que de modo algum pode ser explicada pela impotência técnica, considerará os acontecimentos na Rússia a tentativa reiterada e penosa de superar essa terrível injustiça social, ou ao menos se perguntará, com o coração palpitante, se essa tentativa ainda vai durar. Se as aparências indicassem o contrário, ele se agarraria à esperança tal como um paciente de câncer à duvidosa notícia de que parecem ter encontrado o remédio para sua doença.

Dizem que, no momento em que Kant recebeu as primeiras notícias sobre a Revolução Francesa, ele teria mudado o curso de seu passeio habitual. Os filósofos do presente também farejam o ar da manhã, porém não para a humanidade, e sim para o horrível reino espectral de sua metafísica.

Sobre a questão do nascimento

Quem nunca se colocou a ponderação moral se seria algo bom trazer ou não filhos à vida? E quem nunca respondeu: "Depende!"? "Depende" significa que uma mulher rica que dá à luz traz ao mundo alguém que oferecerá trabalho, enquanto a mulher pobre traz ao mundo alguém que nem conseguirá um. Ou seja – conclui o filósofo malthusiano –, os pobres deveriam ter cuidado. Mas esse pensamento toma o caminho errado. Em vez de não deixar milhões de indesejados virem ao mundo, deveríamos permitir a eles rearranjar o mundo. É verdade que, enquanto o trabalho que os primeiros não quiserem oferecer também não puder ser feito pelos últimos, estes precisarão ficar de fora. Suas mães maldizem sua chegada. O mundo é a casa da classe dominante. Ela tranca a sua porta para os carpinteiros que querem ampliá-la e torná-la mais iluminada. Por isso, seu direito de propriedade se tornou obsoleto.

Observação: poderia parecer uma contradição que, nos últimos cem anos, em regra, justamente aqueles que afirmam a impossibilidade de um provimento mais justo e suficiente da

Crepúsculo – Notas alemãs (1926-1931)

humanidade recomendem aos pobres que restrinjam as relações sexuais, ou seja, recomendem a prevenção *moral*, a ascese, mas combatam do modo mais rigoroso os meios anticoncepcionais e o aborto. Isso só seria contraditório se se tratasse realmente do bem-estar das pessoas. Porém, aqueles bravos servos do capital só têm em vista a manutenção das condições vigentes, e nisso eles reconhecem instintivamente que o prazer como fim em si mesmo, o prazer sem fundamento ou desculpas, sem racionalização ética ou religiosa, ainda representa um perigo maior para essa forma social convertida em grilhão do que o aumento do exército de desempregados.

Socialismo e ressentimento

Que sucesso estrondoso têm aqueles que reprovam os motivos que conduzem à realização da liberdade e da justiça, confundindo e desencorajando as pessoas por eles movidos!

Em conversas sobre a possibilidade do socialismo, pode-se frequentemente ouvir de um oponente bem informado que seu debatedor, entusiasmado defensor do socialismo, precisaria ainda primeiro examinar a realidade. Ele então perceberia que, no socialismo, as coisas não estariam melhores para o trabalhador do que estão hoje. Para o trabalhador civilizado – ao menos o trabalhador desta geração –, provavelmente as coisas estariam muito piores do que estão agora, ele poderia passar a vida comendo favas. Talvez o oponente, em sua superioridade, ainda ilustrasse sua opinião com o infame chiste do barão de Rothschild, que teria dado a um socialista um táler e declarado: "Pois fique agora satisfeito, isso é bem mais do que lhe caberia na grande divisão".

Max Horkheimer

Se o jovem debatedor for escolado no marxismo, ele explicará que aquilo que os socialistas almejam não é a divisão, mas sim a socialização e a reestruturação da produção. Talvez ele faça uma exposição teórica. Porém, pode também acontecer que ele diga que assim, ao menos, vigoraria a justiça. Nesse caso, estará tudo perdido. Pois ele terá revelado sua mentalidade vulgar, seu pensamento carregado de ressentimento. A questão, para ele, não é então primeiro a melhoria material, mas apenas que aqueles que hoje vivem aceitavelmente não tenham *mais* do que ele próprio. Por detrás de seus argumentos está simplesmente o ódio. É preferível passar a vida a comer favas se o outro não tiver nenhum bife no prato! Perante essa objeção, o jovem socialista irá emudecer em embaraço e talvez dela se defender. Ele está desconcertado. Não está à altura de responder a essa reprovação geral à vontade de liberdade e justiça que recebe o nome de ressentimento.

Mas o inofensivo bife, invejado por essa mentalidade reprovada, é um símbolo do poder sobre as pessoas, da independência montada nas costas da miséria. O perigo, o sofrimento, a coerção, a estreiteza, a insegurança: a concentração desses momentos negativos da vida da classe explorada tem por condição hoje a concentração dos momentos positivos no número ridiculamente pequeno de pessoas livres. Nos livros escolares, a burguesia narra o idealismo dos heróis que preferiram suportar a morte à escravidão, mas, a respeito do socialismo, ela é materialista o bastante para confrontar o impulso de se livrar do jugo da desigualdade com a ideia de que uma melhora material seria improvável. O amor pela liberdade só é cultivado na figura falsa do chauvinismo nacionalista. O Tratado de Versalhes de fato provocou uma miséria desnecessária, mas, na Alemanha, aqueles que mais levantam a voz para inculpá-lo são os que sustentam impiedosamente a ordem capitalista de propriedade que o torna possível. Essa ordem, na qual os filhos dos proletários estão condenados à morte por inanição, e os conselhos administrativos, condenados aos festins, realmente desperta ressentimento.

A urbanidade da linguagem

É da essência da linguagem ser associadora, instituidora de comunidade, urbana. A formulação de um antagonismo é o primeiro passo para superá-lo. Faz-se possível debater as causas, pôr em consideração pontos de vista atenuantes. Por força de sua universalidade, a linguagem parece tornar problemático para o mundo inteiro o motivo do antagonismo. Ela coloca em discussão a justificação desse motivo.

Na Alemanha após a guerra, a tradução do marxismo para o estilo acadêmico funcionou como um passo para romper a vontade dos trabalhadores de lutar contra o capitalismo. Os catedráticos, na condição de representantes intelectuais da humanidade por vocação, encarregaram a si próprios do problema. É claro que essa tradução foi apenas um passo, pois, como os trabalhadores estão cansados e impotentes em razão de causas muito mais realistas, essa literatura mediadora já não é necessária, e os tradutores serão rechaçados, assim como os mediadores na política efetiva. À luz do conceito de ideologia, a função da tradução se mostra com clareza particular. Marx praticamente não discutiu esse conceito em detalhes. Ele o utilizou como uma espécie de mina explosiva subterrânea contra o edifício de mentiras da ciência oficial. Todo o seu desprezo pelo encobrimento da exploração – fosse intencional ou semi-intencional, instintivo ou deliberado, remunerado ou voluntário – no qual o sistema capitalista se baseia residia nesse conceito. Eles agora o reformularam como a relatividade do conhecimento, a historicidade das teorias nas ciências humanas e outras coisas mais. Ele já não é mais um conceito perigoso.

Por outro lado, a luz da linguagem é imprescindível para a luta dos próprios oprimidos. Eles têm boas razões para trazer à luz do dia os segredos dessa sociedade e exprimi-los de modo tão compreensível e trivial quanto possível. Não devem encontrar sossego enquanto não formularem na linguagem pública as contradições dessa ordem. A difusão da obscuridade sempre foi um meio nas mãos da reação. Aos oprimidos não resta, portanto, senão proteger a linguagem de sua transformação em simulação da universalidade, que não existe na sociedade de classes, e utilizá-la conscientemente como meio de luta até que o mundo unificado esteja efetivado – mundo a partir do qual parece já hoje ressoar a palavra na boca de seus combatentes e mártires.

Uma categoria da alta burguesia

No trato com indivíduos da alta burguesia, ao menos os de determinada categoria, você não deve jamais pedir algo. Em vez disso, deve sempre agir como se pertencesse a eles em todos os aspectos. Você conseguirá mais tratando-os mal do que tratando-os bem, pois o bom tratamento sempre os lembra dos subordinados e dos dependentes pelos quais o desprezo, ou ao menos a recusa, lhes está no sangue. Eles estão acostumados desde cedo a afogar sua má consciência em relação à classe

Crepúsculo — Notas alemãs (1926-1931)

dominada pela brutalidade, e, tão logo assumam essa postura, mesmo que à distância, para com você, você estará perdido. Se quiser obter algo, você deve poder lhes dar tapinhas nas costas como se fosse um deles. E, se concederem o que você queria, é perigoso agradecer caso você dê valor ao futuro de sua relação. O domínio completo da arte de se movimentar de modo livre e natural nos círculos da alta burguesia é ainda um dos poucos caminhos de ascensão social dos mais capazes.

Observação: no caso de alguns grandes proprietários do setor agrário, principalmente alemães e de países a oeste, a brutalidade não decorre de modo algum da má consciência, mas sim do fato de que, no trato com as pessoas mais civilizadas, eles se ressentem de sua inferioridade humana. No pano de fundo de sua consciência, desponta o pensamento de quão pouco eles sabem e são capazes, de quão pequenos são. Eles refutam esses pensamentos reinando com o chicote em sua vida doméstica.

O elemento pessoal

Características pessoais desempenharão certamente também no futuro um papel no desenvolvimento do indivíduo. Mas posso imaginar uma sociedade na qual a voz de um jovem rapaz ou o nariz de uma moça não decidam sobre a sorte de suas vidas.

O espaço social

Para conhecer o espaço em que nos encontramos, é preciso ter a experiência de seus limites. À noite, quando nossos olhos não conseguem sondar as paredes do quarto no qual adentramos, precisamos caminhar ao longo delas e verificá-las com as mãos. É assim que descobrimos se esse espaço é um salão com papel de parede de seda e janelas amplas ou uma cela com muros de pedra e uma porta de aço.

Enquanto uma pessoa se mantém no centro de uma sociedade, ou seja, enquanto ocupa uma posição respeitada e não entra em contradição com a sociedade, ela não tem a experiência do que é decisivo na essência da sociedade. Quanto mais se distancia da segurança desse centro, seja pela diminuição ou pela perda de seu patrimônio, seus conhecimentos ou suas relações — e é praticamente indiferente se isso ocorre por sua culpa ou não —, ela experimenta na prática que essa sociedade se baseia na completa negação de todo valor humano. A maneira como a polícia às vezes trata os trabalhadores nas épocas de levante, as coronhadas que desfere nos desempregados encarcerados, o tom de voz com o qual o porteiro da fábrica confronta aquele que busca um trabalho, tudo isso revela a casa correcional e o presídio como os limites justamente do espaço em que vivemos. As estações centrais devem ser compreendidas a partir das estações mais periféricas. Os escritórios de uma fábrica próspera só se tornam inteligíveis do ponto de vista do galpão de trabalho dos operários não qualificados em tempos de racionalização e crise, e esse galpão, no qual ter a possibilidade de se esfolar de trabalhar já é um favor, necessita, para ser explicado, que se retroceda até as forças armadas. Na preocupação indistinta do empregado estão contidos todos esses momentos, quer ele disso se dê conta ou não, e eles determinam sua vida. A ordem por força da qual, desde onde se encontra, ele precisa temer resvalar na penúria é uma ordem que só se aglutina, em última instância, em razão da existência de

Crepúsculo – Notas alemãs (1926-1931)

granadas e gases venenosos. Entre o franzir de testa de seu superior e as metralhadoras existe uma série de transições contínuas, e é por meio dessa série que aquele franzir de testa adquire seu peso.

Não apenas aquilo que a sociedade ela mesma é, mas também aquilo que, nela, as pessoas individuais são, em regra só pode ser conhecido de fora dela. Tem-se a experiência daquilo que é fundamental na existência de uma mulher de espírito e inteligência menos com uma visita a seu salão que com uma visita a um desempregado. A essência daquela mulher reside não apenas nas profundezas de sua alma, mas também nas profundezas da humanidade. O odor de seus mais amáveis pensamentos e o discreto perfume dos interiores de sua casa ainda contêm algo do fedor da coleta matinal do lixo na penitenciária, que ajuda a manter essa ordem social aviltada. Mesmo a própria senhora não está imune a decair ante os poderes que aglutinam o todo em suas bordas, ainda que esses poderes hoje sirvam a ela sem que ela disso precise estar ciente. Basta uma aposta malograda de seu esposo na bolsa de valores.

Uma fábula sobre a consequência lógica

Era uma vez dois poetas pobres. Eles passavam fome mesmo nas épocas de vacas gordas, mas agora, no tempo de vacas magras, em que um tirano feroz saqueou até os últimos centavos a cidade e o campo para a sua corte e reprimiu cruelmente toda resistência, eles estavam prestes a se arruinar completamente. Foi quando o tirano ouviu falar do talento dos poetas, convidou-os à sua mesa e prometeu a ambos – entretido pela conversa espirituosa – uma pensão considerável.

No caminho de volta, um deles refletiu sobre a injustiça do tirano e repetiu as queixas habituais do povo. "Você é um inconsequente", replicou o outro. "Se pensa assim, então tinha que continuar passando fome. Quem se sente um só com os pobres precisa também viver como eles." Seu camarada ficou pensativo, deu-lhe razão e declinou da pensão do rei. Por fim, pereceu. Algumas semanas depois, o outro foi designado o poeta da corte.

Ambos extraíram consequências, e ambas as consequências beneficiavam o tirano. A prescrição moral universal da consequência lógica parece ter algo de peculiar: ela é mais amiga dos tiranos que dos poetas.

Confissão

Hoje as pessoas se tornam objeto da Igreja quando estão completamente impotentes: na assistência aos pobres, na enfermaria do hospital, na prisão. Nas esferas mais iluminadas da sociedade, tem-se pouca noção do modo como ainda figuras do passado povoam lá embaixo, de que elas lá se ocupam e quanto poder têm. Após deixar a escola, apenas os pobres-diabos continuam acostumados à questão "Que confissão religiosa?", pois nesse assunto precisam saber bem onde se encontram. Mesmo os cemitérios são separados por confissões — uma questão de classificação das massas passivas: material humano. Em um relatório no jornal, a palavra "paritário" estava impressa em negrito. Eu não sabia o que era que estava sendo dividido paritariamente e pensei que seriam dividendos. Foi quando li na última linha: "asilo para inválidos", e então entendi de imediato que a distribuição era por confissões — distribuição de inválidos pobres.

Crepúsculo – Notas alemãs (1926-1931)

Que declínio desde os tempos da Guerra dos Trinta Anos! Naquela época, deixavam-se pessoas inválidas em nome de duas confissões; hoje, os inválidos das duas ficam contentes se lhes é permitido receber tratamentos.

O capitalismo "infelizmente" estabilizado

Se os intelectuais burgueses podem até entender das demais questões da teoria revolucionária, da questão do momento da revolução eles não entendem nada. Esse momento depende da vontade das pessoas. A vontade, porém, varia, a depender de se é permitido na sociedade atual levar uma vida intelectual ou se tudo é negado a tal ponto que só resta perecer em razão dessa sociedade. Nos últimos tempos, nos anos de 1927 e 1928, nunca mais ouvi "escritores radicais" enunciarem a frase de que o capitalismo estaria outra vez estabilizado por um longo tempo com aquela expressão de abatimento típica de quando alguém conta sobre um infortúnio em sua vida pessoal. Acredito ter descoberto que frequentemente a consciência de demonstrar uma compostura admirável e uma bela lucidez constitui uma compensação razoavelmente significativa para o falante. É verdade que há muitas compensações para nós – elas aumentam com o tamanho da renda!

Servir aos negócios

O embuste teórico de que a atividade de perseguir avidamente o lucro por parte dos diretores gerais hoje seria uma coisa útil à humanidade se mostra até nos menores traços da vida prática desses senhores. É preciso ter visto com que importância esses grandes homens vão a uma "reunião"; é preciso conhecer o tom com o qual eles asseguram que ainda têm "o que fazer". Com que profunda legitimação interior um tal senhor não embarca no vagão-leito de primeira classe quando viaja para "negociações" comerciais! Até mesmo o descanso que esse homem tão ocupado se permite "uma vez por ano" ou a "pequena distração" recebem da importância de seu negócio um traço de adequação e de justa recompensa, pois eles mesmos se tornam pausas necessárias para respirar do serviço prestado ao bem comum. A verdade, porém, é que cada uma dessas pessoas erige sua boa vida, mantém sua elegante esposa e suas lindas crianças e satisfaz todos os desejos por sobre a penúria, a miséria e o trabalho de outras pessoas, que as extenuam e lhes mortificam o espírito. Mas que mentira dizer que na vida de um empresário justamente não são essas coisas privadas que estão em jogo! A afirmação de que, a partir de determinado limite de alguns milhões, o empresário já não acumula mais para seu consumo pessoal é pura invenção. Faz muita diferença se ele tem dez ou vinte milhões! O crescimento do patrimônio significa, ao contrário, em todos os níveis uma ampliação das possibilidades de prazer do proprietário. A riqueza como condição do poder, da independência, dos gozos de toda espécie, o capital como fonte de satisfações pulsionais fantásticas, essa é a finalidade em vista da qual funciona no presente o monstruoso aparato para a manutenção da injustiça e da miséria, das atrocidades coloniais e dos presídios. A satisfação pessoal desses senhores, uma ninharia? Pode ser, mas então causa ainda mais indignação a existência da sociedade imperialista por causa dessa ninharia! A "importância", o "interesse geral", o "serviço à causa" e a imprescindibilidade de "atuar" com os quais eles

Crepúsculo – Notas alemãs (1926-1931)

rodeiam cada um de seus passos, esse fato importuno tem algo da imagem ingênua do curandeiro primitivo que devora a parte da presa do leão com um gesto solene. Só que esse feiticeiro moderno é desmedidamente mais mentiroso.

O prestígio da pessoa

Se um mendigo em idade avançada chega à nossa porta e diz que, em sua juventude, descobriu o elemento químico rádio ou o patógeno da cólera, mas que acabou entrando em declínio em razão de circunstâncias adversas, então surge a questão se somos suficientemente instruídos nas ciências da natureza para verificar de imediato aquilo que ele diz. Suponhamos que nós lhe demos crédito e, na curta conversa, descubramos que já não resta nenhum rastro de sua antiga inteligência. A coisa toda nos aparece, então, como um destino trágico. Se, mais tarde, consultando uma enciclopédia, nos informamos de que o mendigo tinha apenas uma ideia fixa, o caso perde sua importância. Mas, meu Deus, o que foi que mudou? Algo está lá na enciclopédia, e alguns especialistas na área vinculam em suas memórias o rádio a certos dados biográficos dos Curie. Salvo isso, no entanto – especialmente se o velho tiver apenas um parafuso solto –, no que diz respeito a ele, absolutamente nada mudou. É verdade que ele não fez essa descoberta em sua juventude, mas talvez tenha realizado outras reflexões igualmente engenhosas e eruditas. Talvez seja um estudante de física fracassado cujas pesquisas, em razão de algum acaso, não alcançaram a fama. Não é verdade afinal que a maior parte das pessoas tem, em sua juventude, aquilo que é necessário para fazer grandes descobertas? O que resta disso se não se acrescentam as condições exteriores que nos previnem de nos tornarmos mendigos em nossa velhice? Nada, salvo uma recordação com a qual poderíamos nos exibir e que – se nada sobre isso estiver registrado na *fable convenue* das enciclopédias – nem pode ter sua veracidade verificada. Se o mendigo falou a verdade ou se caiu vítima de uma ideia alucinada é algo que não precisa fazer nenhuma diferença para o presente. Tudo o que é pessoal tal como o é agora poderia coincidir. As recordações conscientes, ou melhor, todo o ego consciente do indivíduo já é em si um fino véu por sobre suas pulsões e inclinações a cada vez existentes. Se esse véu coincide em algumas passagens com aquele grande tecido produzido pela historiografia é algo que faz pouca diferença para a existência do indivíduo vivo. Ele pode ser tão pobre espiritual e corporalmente como o velho mendigo, quer tenha uma vez no passado conquistado um reino, como acredita ter feito, quer tenha cuidado de porcos, como o fez na realidade. Nos diálogos dos mortos de Luciano de Samósata, a vaidade dos esqueletos sobre sua antiga beleza e seu *status* no mundo é cômica, pois eles estão no Hades. Mas não deveria o limite que separa a velhice da juventude ou mesmo o novo dia do dia que se acaba ser do mesmo tipo que a morte? É certo que, se descobrimos que alguém fez algo de mérito no passado, podemos concluir que também no presente ainda se pode dele fazer algo; mas isso é apenas uma probabilidade, a conclusão pode enganar tanto quanto a de que a decência passada de uma pessoa implica a sua decência hoje. As pulsões, os talentos e principalmente as convicções de uma pessoa estão submetidos à mudança. Na medida em que eles não se conservam, a ideia de que um indivíduo teria permanecido em si o mesmo, ou seja, a ideia da unidade da pessoa, é apenas uma razão fraca para imputar à pessoa atual as ações da pessoa de antes. Ou, para exprimir

Crepúsculo – Notas alemãs (1926-1931)

de modo positivo o que quero dizer: o mendigo que se encontra em erro pode ter tanto direito a que a descoberta lhe seja atribuída quanto o conselheiro privado em cujo peito brilham as condecorações que ela rendeu.

Humanidade

O grande Bacon tornou uma obrigação para o médico combater os tormentos da doença não apenas quando o alívio leva à saúde, mas também "para proporcionar ao enfermo, quando não há mais nenhuma esperança, uma morte suave e em paz". Porém, até hoje na história essa obrigação só alcançou até onde chega a crença de que o seu descuido poderia ser vingado. Perante o homem pobre que não tem nenhum poder que o sustente, a obrigação do homem de poder se retira para os espaços escuros onde ele convenciona tudo apenas com o seu Deus, e, no leito de morte, o rico, se sua morte já é certa, se iguala em alguns aspectos ao pobre. Com a morte, ele perde as suas relações e se torna nada. Os mais orgulhosos monarcas da França vivenciaram isso em pessoa. Se o médico esclarecido tenta ajudar o moribundo solitário na hora de sua última necessidade, não por interesse econômico ou técnico, mas por compaixão, aparece como cidadão de uma sociedade futura. Essa situação é a imagem atual de uma verdadeira humanidade.

Dificuldade na leitura de Goethe

"Quem nunca comeu seu pão com lágrimas, quem nunca passou as noites aflitas sentado na cama chorando, não vos conhece, poderes celestes." Sobre o poema no qual se encontram esses versos, o próprio Goethe disse que seu efeito se estenderia à eternidade, pois "uma rainha amada, de perfeição suprema" extraiu dele "um doloroso consolo". O pressuposto tácito desse consolo, assim como da verdade do verso, consiste em que as pessoas também conheçam outras noites e dias que não os de aflição. O pressuposto é uma existência serena nos cumes da humanidade, nos quais a tristeza é tão rara que contém um nobre resplendor. Isso torna difícil compreender Goethe hoje.

O dinheiro torna algo sensual (ditado berlinense)

Para o marido, o amor da mulher é uma coisa bela. Porém, nada é mais capaz de prejudicar o amor de uma mulher que a impotência sexual do homem. Talvez tenha havido tempos nos quais essa falta era um mal irreparável, um destino. Hoje, em todo caso, esses tempos estão no passado: a potência sexual possui seu equivalente. Se hoje uma mulher padece da fadiga de seu marido, ele a leva para viajar para o mais belo lugar do mundo, aluga um quarto no melhor hotel e demonstra sua potência pela quantia que gasta. O dinheiro torna algo sensual – e não apenas no sentido de desejoso, mas também no de desejável. Assim como as consequências da impotência sexual são, no lar, semelhantes às do baixo salário, a saber, brigas mesquinhas e esgotantes, também o poder econômico pode ocupar de modo direto o lugar do sexual. A sociedade contemporânea distribui esse equivalente de modo tão cego quanto a natureza distribui as capacidades inatas que o equivalente pode substituir em larga medida.

Crepúsculo – Notas alemãs (1926-1931)

A garota abandonada

O entendimento vulgar gosta de apontar para as situações "eternamente" recorrentes no ser do humano. O decurso real da história não afetaria situações como o nascimento, o amor, o sofrimento, a morte. No entanto, assim que elas são discutidas à luz de casos concretos, essa afirmação de finalidades ideológicas se reduz a seu conteúdo abstrato e vazio. Que melhor tipo de uma tal imagem poderia ser imaginado que o da garota abandonada! Aqui parece haver, todavia, um motivo que se repete atravessando as épocas, em todas as línguas e vestimentas possíveis, das tribos primitivas até a tragédia da pequena empregada, passando pela Gretchen de Fausto. Mas não se trata disso. Se a imagem da garota abandonada já não convém tanto assim a uma série de culturas em razão das relações nelas dominantes, no presente, essa imagem está em geral associada apenas à camada em declínio da pequena burguesia. Entre seus pressupostos estão a possibilidade de segurança econômica por meio do casamento, a estigmatização do nascimento fora do casamento e a estreiteza de espírito da educação que se dá às meninas na pequena burguesia. Com o término dessas condições, resta daquela "situação eterna" talvez ainda a ferida ao narcisismo feminino, assim como em muitas outras ocasiões, mas nada da tragédia de Gretchen. Um mundo como o atual, no qual, como contraparte do destino da garota abandonada, começa a se tornar típico o destino dos jovens rapazes sem emprego e abandonados pela namorada com emprego, é um mundo que só possui ainda lugar para aquela figura desvanecente em camadas sociais que ficaram para trás.

Na alta burguesia, a figura da garota abandonada já praticamente não tem lugar. Se assumimos pais até certo ponto bem informados da alta burguesia, então o abandono da filha do milionário aparece como *quantité négligeable*. Sobrelevadas que são pela sua posição social, é nos romances franceses cultivados do século XIX de Balzac e Stendhal que as senhoras da alta burguesia saboreiam as grandes e arriscadas situações eróticas. Suas irmãs da pequena burguesia, de menor sorte, as vivenciam ainda na realidade.

A recordação de figuras como a da garota abandonada, uma vez pertencendo ao passado, é capaz então de iluminar abruptamente o inteiro espaço social, ou melhor, inferno social do qual ela é um signo.

Observação: também o desaparecimento para a sociedade como um todo de muitas outras situações "eternas" se mostra antecipadamente na vida da alta burguesia. Suas cômicas queixas sobre o "empobrecimento" e o "desencantamento" da vida encontram aqui um fundamento grotesco. Pense-se apenas nos "pobres" moços ricos: enquanto o jovem de classe baixa e o pequeno burguês têm mil modos de experimentar o sentimento "eterno", o sentimento "universalmente humano" da saudade da amada distante, o moço rico — a cuja disposição estão não apenas o carro e o avião, mas também a possibilidade de levar sua amada junto aonde quer que vá — tem de renunciar aqui e em tantas outras circunstâncias a gozar verdadeiramente dessa experiência humana.

Direito de asilo

Mais cedo ou mais tarde, o direito de asilo para refugiados políticos será abolido na prática. Ele não se encaixa no

Crepúsculo – Notas alemãs (1926-1931)

presente. Enquanto a ideologia burguesa ainda levava a sério a liberdade e a igualdade e enquanto o desenvolvimento sem inibições de todos os indivíduos ainda aparecia como finalidade da política, o refugiado político ainda podia contar como inviolável. O moderno direito de asilo fazia parte da luta do Terceiro Estado contra o absolutismo. Ele se assentava na solidariedade dos burgueses da Europa ocidental e de seus semelhantes em países atrasados. Hoje, quando o capital concentrado em poucas mãos, ainda que cindido em si mesmo, se tornou uma potência mundial reacionária e solidária contra o proletariado, o direito de asilo provoca cada vez mais perturbações. Ele está ultrapassado. Na medida em que as fronteiras políticas da Europa não correspondem exatamente às diferenças de interesse de grupos econômicos adversários que abrangem várias nações, elas funcionam quase exclusivamente como instrumento geral de dominação ideológica e como ferramenta de publicidade da indústria bélica. O direito de asilo desaparecerá diante dos interesses comuns da classe capitalista internacional, desde que não se trate de emigrantes da Rússia ou de terroristas nacionalistas.* Mas, se uma pessoa levantar a mão contra o monstro do capital concentrado em trustes, no futuro ela não mais encontrará paz fugindo das garras do poder.

Maus superiores

Para que alguém possa se movimentar de modo livre e natural como superior ou mesmo como patrão entre os empregados e trabalhadores de modo que tudo esteja em ordem, precisa

---

* *"Völkisch"*. Conferir a nota da p.74. (N. T.)

considerar óbvias as relações entre si e aqueles que de si dependem. Essa relação não pode lhe ser realmente problemática. Do contrário, ele se inibe e os subordinados perceberão muito rapidamente que ele não presta para ser um superior. Sua opinião tácita de que, sem qualquer razão justa, os outros têm piores condições de vida do que ele próprio será aceita pelos outros e entendida no sentido de que algo não vai bem nessa relação hierárquica. O trabalho padece com isso. As pessoas só funcionam como boas assalariadas se aquele sob cujas ordens elas agem expressa instintivamente em todo o seu ser a inevitabilidade e a funcionalidade dessa relação. Porém, aquele superior que tem consciência da irracionalidade da relação de dependência no presente e de sua origem a partir da caduca sociedade de classes e que compreende seu papel como sócio da exploração será percebido, com razão, como inseguro e coagido. O psicanalista diria que ele demonstra um sentimento de culpa e, daí, tendências agressivas. E realmente o que o distingue de seus colegas saudáveis é que ele está a par do que há de agressivo em sua existência.

Dizem que há esposas e filhas de grandes empresários que visitam o papai em seu escritório e até mesmo inspecionam a fábrica sem perder nem um pouco de sua elegante liberdade. Para aquelas entre elas que receiam alguma pequena inibição, inventaram agora um remédio excelente: elas têm também uma profissão. A senhora pode agora tranquilamente apertar a mão e até mesmo nutrir uma "amizade" com a datilógrafa cujo pai está desempregado e que poderá ser ela mesma mandada amanhã para o olho da rua. "Agora eu também passo metade do dia datilografando. Trabalho com o meu tio no escritório. Eu desprezo as pessoas que não trabalham nada."

Crepúsculo – Notas alemãs (1926-1931)

A liberdade nas relações pessoais é uma coisa bela. O capitalismo tem plena razão em proscrever a inibição e a insegurança. Não apenas a relação do superior com o subordinado, não... também, em direção contrária, a relação do trabalhador com o gerente, do servente com o seu senhor e, inversamente, da senhora com a criada, ou ainda do literato pobre com o banqueiro, da lavadeira com o herói do golfe, do conselheiro de saúde com o internado em um asilo para pobres – todas essas relações devem carregar em si o selo da alegria e da naturalidade. Quando pessoas de classes distintas falam umas com as outras e apertam-se as mãos, é preciso se ter a impressão viva de que tudo está correto.

Se alguém não quer trabalhar, que também não coma

Esse adágio da Bíblia é um princípio popular. Sua formulação precisaria ser: todos devem comer e devem trabalhar tão pouco quanto possível. Mas mesmo isso ainda é muito geral. Fazer do trabalho o conceito genérico para a atividade humana é uma ideologia ascética. Quão harmônica não parece a sociedade sob esse aspecto, quando consideramos que todos, sem distinção de hierarquia e capacidade, "trabalham"! Ao manter esse conceito geral, os socialistas se tornam portadores da propaganda capitalista. Na realidade, os "trabalhos" do diretor do truste, do pequeno empresário e do trabalhador não qualificado não diferem menos uns dos outros do que o poder difere da preocupação e da fome.

A exigência proletária é pela redução do trabalho. Ela não tem por objetivo que em uma sociedade futura melhor alguém seja impedido de exercer a atividade de que gosta, mas sim aspira a que as tarefas necessárias para a vida da sociedade sejam racionalizadas e distribuídas igualitariamente. Ela quer pôr limite à coerção e não à liberdade, ao sofrimento e não ao prazer. Em uma sociedade racional, o conceito de trabalho muda de sentido.

"Se alguém não quer trabalhar, que também não coma" é um lema que hoje, secretamente, já não remete mais absolutamente ao futuro, mas ao presente. A frase transfigura a ordem dominante: ela justifica os capitalistas, pois eles trabalham; ela acerta nos mais pobres um juízo de condenação, pois eles não trabalham. Em toda parte, a burguesia consegue conciliar uma ideia revolucionária originalmente formulada por ela e fixada em sua universalidade pelos socialistas com a moral reacionária da classe dominante. Mas a palavra tem em mira uma sociedade futura, e a consequência dela para o presente não é, por exemplo, a consagração do trabalho, e sim a luta contra sua figura atual.

Impotência da renúncia

Se você não serve para o trabalho político, seria tolice acreditar que, de algum modo, sua renúncia pessoal à máquina de exploração universal poderia então significar alguma coisa. Sua recusa em tirar proveito da grande tortura humana e animal, sua decisão de abrir mão do conforto e da segurança, nada disso poupará a nenhuma pessoa ou animal qualquer sofrimento. Você não pode esperar tampouco a imitação eficaz por parte de um número suficientemente grande de outras pessoas. A propaganda da renúncia pessoal e da pureza individual sempre serviu, na história recente, para os poderosos manterem suas

Crepúsculo — Notas alemãs (1926-1931)

vítimas longe do que é mais perigoso e perverteu-se em sectarismo. A progressiva redução da miséria é o resultado de longas lutas da história mundial, cujas etapas são marcadas por revoluções felizes e infelizes. O que capacita alguém a nelas tomar parte não é a compaixão, mas a inteligência, a coragem e a capacidade de organização. Todo sucesso contém o risco de terríveis reveses, nova barbárie, aumento do sofrimento. Se lhe faltam essas qualidades, acaba-se sua ajuda à coletividade.

Saber da ineficácia da renúncia individual não fundamenta ou justifica de modo algum o oposto: a participação na opressão. Só significa que a sua pureza pessoal é irrelevante para a modificação real: a classe dominante não vai se juntar a você. Talvez, porém, aconteça que você, mesmo sem nenhuma justificativa racional, perca a alegria em comungar com os algozes e recuse o convite de um inofensivo senhor de idade para uma viagem de carro na primavera, pois, nas prisões de sua classe, foi negado indulto a um idoso da mesma idade que cumpriu trabalhos forçados por trinta anos com a indicação de que ele não encontraria trabalho em liberdade e se tornaria um fardo para a assistência aos pobres. Talvez você um dia simplesmente perca a alegria em passear no jardim na cobertura do edifício da sociedade, ainda que seja um fato sem qualquer importância se você descer de lá.

Os bons e velhos tempos

O ataque ao capitalismo se expõe sempre à má compreensão, como se estivesse protegendo implicitamente períodos anteriores da sociedade. Isso de modo algum precisa ser o caso. Compete à pesquisa histórica constatar a alegria e a miséria das distintas épocas. É provável que os intervalos de convivência relativamente pacífica e fecunda da sociedade como um todo tenham sido bastante limitados no espaço e no tempo, pois, na história conhecida, a pressão da classe dos senhores sobre a coletividade, salvo raras interrupções, foi extremamente cruel. Quem ousava atacar o poder em seu ponto sensível sempre tinha de esperar a perda da liberdade, da honra e da vida, e provavelmente destruía junto também os seus: esposa, filhos e amigos. Por sobre a vileza pela qual o poder se mantinha vivo pairava sempre um véu. Quem o tentasse rasgar estava destinado a perecer.

A opressão é algo que o capitalismo contemporâneo compartilha com outras formas sociais anteriores. Ainda que cada período do declínio no qual uma cultura se torna um grilhão seja precedido por uma época de ascensão e de apogeu, o que prepondera na história, no que diz respeito às massas, é o sofrimento. Os aspectos ruins do capitalismo o ligam ao passado. Na arte ele talvez seja inferior, mas em mentiras e crueldades ele rivaliza com o passado. Suas grandes conquistas civilizatórias, porém, apontam para o futuro. A teoria da relatividade e o pneumotórax têm origem nos nossos tempos; o inferno da Guiana é herança de nossos pais.

Transformações da moral

Alguns escritores radicais se dispensam da teoria. Eles acreditam que já fizeram o bastante se a realidade atroz estiver representada, seja na forma de recortes de jornais ilustrados, isto é, como pura série de "*fait divers*", seja na figura de detalhes grosseiros ou na troça sobre o baixo nível de pessoas ricas. Suas

Crepúsculo – Notas alemãs (1926-1931)

descrições parecem sempre carregar como assinatura a anotação: "comentário supérfluo". Eles experimentaram pouco do processo de transformação da ideologia e pensam que a injustiça ainda hoje é um argumento *contra* alguma coisa. Aceitam tacitamente o embuste sobre a harmonia contado nas últimas décadas, segundo o qual, apesar dos diferentes interesses materiais, uma consciência comum uniria a humanidade. Por isso, em vez de serem a vanguarda de uma nova realidade, apenas macaqueiam a velha ideologia. A moral à qual apelam já foi há muito descartada pela burguesia que se tornou imperialista. Hoje ela pode ser a dos explorados, na medida em que eles ainda não foram capazes de se impregnar com as novas ideias morais. Estas, no entanto, transfiguram a brutalidade.

Responsabilidade

É sempre isto o que dizem: mas que responsabilidade imensa recai sobre este ou aquele homem poderoso, como tudo depende dele, em quantas coisas ele precisa sempre pensar! A compaixão e a admiração pelos pobres ricos vão tão longe que quase nos alegramos de não estar no lugar deles. "Aproveite o que Deus te concedeu, contente-se em não ter o que não tens, cada nível social tem sua paz e seu fardo."* Afinal, os poderosos não têm ainda menos paz, não carregam ainda mais fardos que o homem comum, que ao menos depois do trabalho desfruta com sua esposa e seus filhos de um sossego relativamente despreocupado?

---

* Trata-se de uma citação de versos rimados de Christian Gellert ("*Genieße, was dir Gott beschieden, / entbehre gern, was du nicht hast, / ein jeder Stand hat seinen Frieden, / ein jeder Stand hat seine Last*"). (N. T.)

Cum grano salis, talvez isso já tenha sido verdadeiro um dia, mas eu não acredito. Hoje, em todo caso, é um engodo. Se a responsabilidade de uma pessoa não deve consistir no mero fato de outras pessoas dependerem dela, mas sim no de que possivelmente ela de fato sentirá ainda em vida as consequências de suas ações, então as pessoas simples carregam dela um fardo imensamente maior que os poderosos. A negligência que num piscar de olhos leva o funcionário a perder o emprego precipita junto dele sua família em desgraça. Ele depara diariamente com inúmeras possibilidades de cometer erros que podem determinar de modo desastroso o seu destino e o dos seus. Por sua vez, quão poucas são as possibilidades de que algo assim aconteça com o magnata do capital. Mesmo que ele uma vez tome uma decisão equivocada, ela apenas raramente aparecerá de modo claro como uma estupidez ou uma leviandade, com frequência receberá a "bênção da revogabilidade", mas praticamente nunca recairá nas pessoas que ele ama. Abrem-se mil caminhos para repará-la. Se está em uma disposição ruim, isto é, se cresce a probabilidade de se equivocar, ele pode também fazer pausas nas quais outros suprirão sua presença, e a qualidade desses outros será tanto melhor quanto maior for seu capital. Mesmo que ele se retire completamente dos negócios, isso não precisa lhe trazer nenhuma desvantagem. Com o patrimônio cresce, então, o poder sobre outras pessoas, mas não a preocupação ou a responsabilidade. Estas crescem, na sociedade capitalista, antes de modo diretamente proporcional à impotência e à dependência em relação ao capital.

Nos dias de mobilização e declaração de guerra, massas humanas se reuniam à noite diante dos palácios dos príncipes e ministros e olhavam com reverência para as janelas iluminadas.

Crepúsculo – Notas alemãs (1926-1931)

"O quanto não deve pesar nesse momento o pensamento desses encarregados do espírito do mundo!" Já então eu pensava nas mais reais preocupações nas residências proletárias, das quais os "heróis" deveriam vir. E o que foi que se mostrou depois da guerra que aqueles desencadearam? Os heróis morreram, mas os grandes, ao redor de cujos interesses a guerra na verdade girava, estes saíram ganhando imensamente, inclusive na Alemanha. Onde é que está a "responsabilidade"? Só se diante do Senhor Deus! Mas o humilde voluntário, baleado e agora inválido, volta todos os dias a entender que o medo de seus pais de deixá-lo ir era justificado, pois se não fosse isso ele poderia talvez protegê-los de sua atual miséria e humilhação. Ele tem de arcar com sua responsabilidade na realidade.

A responsabilidade dos senhores capitalistas por suas ações na guerra e na paz é afirmada pela religião; a dos explorados se mostra na prática terrena.

A liberdade da decisão moral

Em Richard Wagner, os personagens que se convertem à moral schopenhaueriana, à renúncia mediante a compaixão, são fortes e poderosos antes de se converterem. Wagner quer afastar a má interpretação de que seus heróis se convertem por fraqueza. De que vale a compaixão de uma pessoa se ela afinal não é capaz de desferir golpes? Mesmo o Deus cristão, como se sabe, alegra-se mais por um pecador arrependido do que por mil justos. Buda era filho de um rei – para um pária, o que significaria levar uma vida ascética se ele já não tinha nada para comer de qualquer maneira? De início e de modo inteiramente consequente, Buda manteve as castas inferiores afastadas da comunidade monástica. Traduzido nos termos da vida burguesa, isso tudo significa que a possibilidade de ser moral representa uma variável dependente da posição social. Quem pertence aos miseráveis está duplamente excluído do problema da moralidade. Em primeiro lugar, para ele não é nenhuma "questão" se identificar com o sofrimento. O *"tat tvam asi"** diante da criatura em sofrimento não é para ele nenhum "conhecimento", mas sim um fato. Em face do rico, por outro lado, vale para o pobre a sentença contrária: "isso não és tu". Em segundo lugar, ele não tem nada a que renunciar. Ou seja: moral e caráter são, em larga medida, monopólio da classe dominante. Seus membros têm de lidar com a decisão moral de um modo completamente diferente daquele dos miseráveis.

A alegria de trabalhar

Se o que sei de uma pessoa é que ela trabalha com prazer ou a contragosto, então ainda não sei nada sobre ela. Quem passa dez horas taquigrafando com entusiasmo cartas comerciais que em nada lhe dizem respeito, fazendo contabilidade ou trabalhando na linha de montagem – se isso ocorre imediatamente pela alegria de trabalhar e não por qualquer outro motivo distante – não é uma pessoa agradável. Quem tem uma profissão intelectual ou mesmo quem trabalha de modo independente e pode revezar seu turno de trabalho pertence aos eleitos. Costuma acontecer que, em tempos particularmente

---

* Princípio hinduísta (em sânscrito), cujo significado é próximo de "isso és tu", que desempenha um papel na moral schopenhaueriana. (N. T.)

Crepúsculo – Notas alemãs (1926-1931)

tensos, por exemplo, quando se está trabalhando no balanço de seus lucros, os empresários permaneçam até mais tarde nos escritórios do que a maioria de seus funcionários. Então o chefe costuma dizer: "Os funcionários não têm nenhuma alegria em trabalhar. Eu não compreendo isso. Eu poderia atravessar a noite inteira trabalhando sem me cansar". Os empresários não têm essa mentalidade apenas em tais momentos excepcionais, mas basicamente ao longo do ano inteiro. Os funcionários os entendem muito bem.

Observação: em uma sociedade socialista, a alegria não resultará da natureza do trabalho a ser executado. É completamente reacionário ter essa aspiração. O trabalho será realizado com prazer porque serve a uma sociedade solidária.

A Europa e o cristianismo

O hiato entre os critérios morais reconhecidos pelos europeus desde o advento do cristianismo e o comportamento efetivo desses europeus é incomensurável.

É fácil compreender que não há vileza que a classe dominante não designe como moral se ela corresponder a seus interesses. Da matança de milhões de jovens na guerra até o mais infame e insidioso assassinato do opositor político, não há canalhice que não seja reconciliada com a consciência pública. Mesmo o fato de que as classes dominadas (salvo seus grupos mais avançados) imitam a hipocrisia daqueles que lhes servem de modelo, por mais difícil que seja de se compreender, é, no entanto, suficientemente conhecido por todos. Porém, a dependência dessas classes não consiste somente em que não lhes é dado o suficiente de comer, mas sim em que são mantidas em um estado espiritual e mental lamentável. Elas são os macacos dos guardas de suas cadeias, veneram os símbolos de sua prisão e estão dispostas não, digamos, a surpreender os guardas com um ataque, mas a rasgar em pedaços quem as quiser libertar deles.

Tudo isso é conhecido, tão conhecido que quase sucumbimos à sugestão comum de que a repetida constatação de uma situação parece de mais mau gosto que a sua infinita duração. Todavia, a regra crítica de que o antigo não deve ser repetido com muita frequência funciona hoje como uma circunstância a mais para impedir a literatura de expressar o mais importante. Pois não importa o quão tediosamente as velhas sabedorias sejam recitadas, o sal do desprezo genuíno só se encontra na indicação crítica de que já conhecemos aquilo que foi apresentado se o que ouvimos ou lemos nos indigna sobre o existente justamente lá onde ele é mais vil.

Nem tão conhecida assim é a circunstância de que não apenas as pequenas eminências literárias e científicas da sociedade de classes, mas inclusive as realmente grandes, quando estão em consonância com essa sociedade, se necessário, no momento em que seria preciso aplicar suas opiniões à realidade, jogam ao vento toda precisão científica e estética, ou melhor, até mesmo a mais simples decência, a fim de evitar o conflito com a sociedade, custe o que custar. Nisso de modo algum está implicado que eles fazem isso de modo consciente. Suas consciências certamente permanecem puras, mas é justamente isso que é significativo! Os mestres da metodologia fina, do mais complexo aparato linguístico e lógico, os reis da arte poética, da filosofia e da ciência simplesmente não prestaram atenção ao momento em que seus princípios poderiam vir a serviço dos

Crepúsculo – Notas alemãs (1926-1931)

miseráveis. Do poeta do *Fausto*, que queria ver mantida a pena de morte para as infanticidas; de Hegel, que – em consonância mais com seus princípios que com os fatos – lamentava pela Inglaterra liberal, pois lá o poder do rei contra o parlamento era muito pequeno, mas que, de acordo com a teoria e a prática, a recomendava como exemplo quando se tratava de "abandonar os pobres a seu destino e remetê-los à mendicância pública"; de Schopenhauer, o filósofo da compaixão, que fala com desprezo das tentativas de tornar suportável a existência da classe trabalhadora, mas deseja incluir "até mesmo os grandes comerciantes" na "classe dirigente", que deveria "permanecer liberada das privações ordinárias ou das inconveniências" – dessas eminências do passado parte uma inteira série que descende até aquelas criaturas que dizem conscientemente em seus livros o simples oposto daquilo que pensam em segredo, para então, com embaraço, confessarem que *"autre chose la littérature, autre chose la vie"* e se vangloriarem disso quando postos contra a parede. Compreenda-se bem, porém, que não é a diferença entre a teoria e a vida do literato e do pensador que é aqui decisiva – ela é interessante o bastante, mas complicada demais para ser mencionada nesse contexto –, mas sim a falta de consequência lógica em seu próprio domínio. Pode acontecer que contradições lógicas não necessariamente explodam uma obra, mas façam parte de sua profundidade filosófica. Raramente é esse o caso. A contradição aqui designada não pertence, porém, à profundidade literária, mas sim à profundidade moral de seus autores. Ela adere às suas obras como uma mancha, mesmo que, no mais, elas sejam dignas de admiração.

Ainda menos conhecida que esses fatos literários é a mentira cotidiana que se converteu em uma obviedade e que é um traço essencial da vida privada contemporânea. Que os cristãos permaneçam serenos diante da desgraça alheia, que não cuidem de remediar quando ocorrem injustiças aos impotentes, mas, ao contrário, que eles próprios torturem crianças e animais, que passem com tranquilidade pelos muros por trás dos quais a penúria e o desespero acontecem em seu proveito, que seja sempre um infortúnio ser entregue a seu poder – e que, com tudo isso, eles venerem, dia após dia, como modelo divino um ser que, segundo sua convicção, se sacrificou pela humanidade: essa mentira caracteriza cada passo da vida europeia.

Certa vez vi alguns dentre eles, alguns particularmente ricos e, com isso, também particularmente piedosos, em um dos mais belos lugares da Europa em um dia resplandecente, diante de montanhas cobertas de flores e de um mar de um azul profundo, se divertirem deixando escapar pombas que até aquele momento eram mantidas em caixas pretas, para em seguida atirar nelas, ainda cegadas pela luz, vacilantes e esvoaçantes, nos primeiros segundos de liberdade. Se um animal caísse meio ou completamente morto no gramado ao redor, um cão adestrado o capturava. Se, ferido, fugisse para as rochas próximas, os rapazes escalavam, perseguindo-o. Se tivesse a rara sorte de escapar sem ferimentos para o mar, voava depois de pouco tempo, confiando em seu instinto e sem compreender o todo, de volta ao lugar de partida e servia, na manhã seguinte, para recomeçar o jogo. Isso acontecia dia após dia. O melhor atirador foi recompensado com solenidade pelo príncipe do país. Perguntei a um espectador se a pomba era o símbolo do Espírito Santo. "Não, apenas a branca", respondeu. Na mesma noite, foi exibida no cinema uma expedição na selva realizada com o exclusivo propósito de ser filmada. As cenas eram acompanhadas de um texto humorístico. Um cordeiro vivo era amarrado em uma armadilha para atrair o leopardo. Ele vinha, despedaçava o

Crepúsculo – Notas alemãs (1926-1931)

cordeiro e era morto. Especialmente a última legenda despertou risos: "Agora o senhor leopardo não sai mais para passear". O cordeiro, no entanto, é um símbolo religioso. Os selvagens têm o hábito de não devorar seus animais sagrados, os animais totêmicos. Os cristãos emprestam a eles um caráter simbólico, não adoram a eles próprios, mas neles ou por meio deles adoram a divindade: na realidade, então, os animais não são poupados. Eles não aproveitam em nada a sublimação da nossa representação da divindade.

Nessa cultura, levar sua religião a sério é ser desconectado da realidade, assim como é ser desconectado da realidade levar a sério os valores não religiosos da justiça, da liberdade e da verdade. É preciso entender o reconhecimento desses valores meramente como uma *façon de parler*; respeitar apenas os poderosos, mas venerar os pobres e os fracos na religião, ou seja, no espírito, e na realidade pisoteá-los. É preciso bordar o cordeiro na bandeira branca e amarela e fazê-lo esperar pela morte no crepúsculo na selva para espectadores de cinema, adorar o Senhor crucificado e arrastá-lo em vida até o cadafalso. É preciso, em todo caso, perseguir aquele que ataca o cristianismo com palavras e impedi-lo de colocar em prática a efetivação do cristianismo. A constatação do hiato entre os critérios morais dos cristãos e o seu comportamento efetivo repercute, por outro lado, como uma afirmação desconectada da realidade, excêntrica, sentimental e supérflua, que pode ser considerada, conforme se prefira, como uma mentira ou como algo já público e notório e da qual os europeus razoáveis deveriam, em qualquer caso, ser poupados. Nesse ponto, os judeus e os cristãos costumam estar de acordo. O compromisso entre a realização da religião e a sua abolição inoportuna é a reconciliação com Deus por meio da mentira que se estende a todas as coisas.

A preocupação na filosofia

Preocupação (*Fausto II, 5º ato*): "Você nunca conheceu a preocupação?".

Filósofo alemão, 1929: "Um momento! Sim. A unidade da estrutura transcendental da mais íntima carencialidade da existência no ser humano recebeu a denominação de 'preocupação'".

Conversa sobre os ricos

A.: Quando o dinheiro não desempenha nenhum papel, não apenas os acordos privados, mas também as formalidades jurídicas no divórcio não são nenhuma grande questão. Com algum jeitinho, leva-se a coisa até um juiz que não faça muito drama. Sem nervosismo, sem repetidas citações, sem infinitos adiamentos. O aspecto financeiro já foi ajustado de antemão entre as partes e, nesse ínterim, já vivem tranquilamente com o namorado ou a namorada. Para as pessoas pobres, por outro lado, o divórcio é uma tortura, pois é de dinheiro que se trata. Como a parte considerada culpada fica com a desvantagem econômica, ambas precisam buscar provas uma contra a outra, os parentes e conhecidos são arrastados para dentro do caso ou nele se envolvem por conta própria, todas as coisas feias são trazidas a público, é um inferno. E, em meio a isso, em alguns casos eles necessitam viver juntos até o divórcio, os filhos estão lá, há cenas diariamente. Com frequência, porém, nem sequer podem chegar a ir ao tribunal, pois, em razão da pobreza, de antemão já não há nenhuma perspectiva de uma solução tolerável. A vida já está então arruinada sem necessidade de mais enrolação.

B.: Como você sai assim falando coisas irrefletidas! Você mesmo sabe, porém, das tragédias conjugais que acontecem em

Crepúsculo — Notas alemãs (1926-1931)

famílias ricas. Com bastante frequência elas terminam em suicídio. Também não é verdade que nelas não se lava a roupa suja em público. Muitas vezes a cidade inteira ou, em todo caso, "todo mundo" fala de um tal assunto. Os ricos têm de sofrer tanto quanto os pobres. Justamente nesses casos se mostra quão pouco o aspecto econômico tem a ver com a vida interior da pessoa. É evidente que você não tem ideia de quanta miséria psíquica há nesses círculos invejados. Como as cenas se passam por detrás de portas trancadas ou de um modo, em geral, menos ruidoso, as pessoas acreditam que elas não existiram. Você vê o mundo de um jeito por demais simplista.

A.: É claro que os ricos também têm de sofrer (ao menos eles têm mais antídotos). Não pus de modo algum em dúvida, porém, essa verdade universal. Eu queria apenas constatar que os conflitos conjugais, na maioria dos casos, tornam-se uma tortura em razão da pobreza, enquanto o rico pode resolver a questão de maneiras inalcançáveis para os pobres. Como não pode negar isso, você coloca essa generalidade em cena. Assim que se indica alguma das inúmeras bênçãos que o dinheiro traz consigo, você e os seus procuram apagar a importância da questão, mesmo que ela seja de uma clareza solar. No caso de que falamos, você não acha correto que a economia interfira nas sagradas regiões da interioridade da alma, mas justamente isso é a verdade. Pode ser que também os seus milionários suspirem por dificuldades conjugais: nove entre dez dos meus esfaimados estariam, em todo caso, se não liberados das dificuldades conjugais, ao menos consolados se pudessem trocar de lugar com eles. De resto, você já deve ter notado uma coisa há um tempo: eu não dirijo acusações ao prazer. A vergonha dessa ordem não está em que alguns estão melhor, mas sim em que muitos estão mal, não obstante todos pudessem estar bem.

Sua sentença de condenação não diz respeito ao fato de que existem ricos, mas sim ao de que, em vista das capacidades humanas, existam hoje pobres. Isso obriga a uma intoxicação da consciência geral pela mentira e impele essa ordem à sua queda.

Gratidão

A maior parte, de longe, das boas ações eficazes no sistema capitalista só pode ser demonstrada por aqueles que possuem muito dinheiro ou poder. Consciente ou inconscientemente, eles estão interessados na conservação desse regime de propriedade. A gratidão é uma bela qualidade. Não combina bem com ela decepcionar *aquele* que ajudou. Se tivermos em conta que o maior número de casos de fomento, subsídio e benevolência é demonstrado pelos próprios ricos ou por seus funcionários encarregados da conservação do sistema, compreenderemos por que um comportamento que busca avançar, o ataque e a crítica à forma de sociedade dominante, parece ao mundo não apenas nocivo, mas também, na maior parte dos casos, algo feio moralmente. Para apreciar totalmente esse fato, é preciso se lembrar de que a atitude crítica e revolucionária não se expressa somente na participação em ações, mas também na assunção e na divulgação de determinadas teorias que usualmente não gozam de simpatia nos mais distintos domínios, e ainda na escolha das relações pessoais, nos costumes e em inúmeros pequenos traços do estilo de vida. Em toda parte, aquele que se preocupa com a melhoria das condições humanas se diferencia da média desejada, em toda parte ele bate de frente com as pessoas. Todos os que oferecem amabilidades e alívios serão por ele repetidamente desapontados. Quem o ajuda deve esperar dele colher desgosto, na medida em que, contra toda regra, ele não é seu semelhante.

Crepúsculo – Notas alemãs (1926-1931)

O progresso

O fabricante de munição, o seu político e o seu general declaram: "Sempre haverá guerra enquanto o mundo existir, não há tal coisa como o progresso". Aqui, em primeiro lugar, o desejo é o pai do pensamento, e, de resto, essa opinião precisa também ser mantida entre as massas. Isso é muito compreensível – uma condenação aberta e honesta, por assim dizer. Mas os lacaios literários daqueles senhores têm também ainda a falta de vergonha de, fazendo cara de quem é imparcial e está a par de todas as dificuldades teóricas, levantar a questão: "Pois o que significa progresso? A medida do progresso, afinal, só pode ser a aproximação à efetivação de um valor individual qualquer e relativamente contingente. Considerar a história como um todo por esse ponto de vista significaria, porém, absolutizar algo relativo, hipostasiar algo subjetivo, em suma, levar estreiteza e unilateralidade à ciência". Com sua raiva da luta socialista por um mundo melhor, que retira sua esperança dos resultados das lutas anteriores, principalmente das revoluções do último século, eles fazem então sua dita filosofia da história. Como se não fosse claro que progresso é esse de que os socialistas falam e que é combatido na teoria e na prática pela reação: a melhoria da existência material por meio de uma configuração mais adequada das condições sociais humanas! Para a maior parte das pessoas, quer saibam ou não, essa melhoria não significa de modo algum apenas a efetivação de um valor relativamente contingente, mas aquilo que é mais importante no mundo. Ainda que nesse aspecto a história tenha estagnado ou regredido por longos períodos, ainda que o velamento desse fato tenha sido frequentemente usado, nos últimos cem anos, como meio ideológico para enganar as massas, ainda assim o discurso sobre o progresso é claro e legítimo.

Se a afirmação dos dominantes de que sob a sua dominação acontece progresso foi desde muito tempo uma mentira da qual hoje até mesmo seus literatos se distanciam, então é manifesto que os dominantes querem abrir mão do conceito para poder conservar a dominação, pois, assim como no caso de outras ilusões burguesas, como a liberdade e a igualdade, hoje o progresso, por força da dialética histórica, não funciona mais como defesa ideológica, mas sim como crítica às condições vigentes e como palavra de encorajamento para modificá-las.

Aliás, no momento atual, desse progresso em sentido materialista, ou seja, de uma reorganização socialista da sociedade dependem não apenas o próximo objetivo diretamente aspirado de uma melhor provisão da humanidade com o que é mais necessário, mas também a efetivação de todos os assim chamados valores culturais ou ideais. A ideia de que o progresso social não *precisa necessariamente* acontecer tem de fato algo de correta; a de que ele não *é capaz de* acontecer é uma mentira tosca; a de que seria unilateral, porém, medir a história da humanidade segundo o critério do quanto ela torna suportável a existência de seus membros é realmente pura baboseira filosófica.

Observação: o progresso social é a cada vez uma tarefa histórica, mas não uma necessidade mística. É bastante compreensível que o marxismo declare a teoria da sociedade como teoria da realidade. As massas que padecem sob a forma obsoleta da sociedade e esperam tudo de sua organização racional não têm muito interesse no fato de que a sua penúria, do ponto de vista da eternidade, é um fato ao lado de tantos outros e de que o ponto de vista desde o qual consideram o mundo é apenas um ponto de vista. Assim como, para cada pessoa, o mundo parece girar ao seu próprio redor e assim como a sua morte coincide, para ela, com o perecimento do mundo, a exploração e a

Crepúsculo – Notas alemãs (1926-1931)

penúria das massas é, para ela, a penúria pura e simplesmente e a história gira ao redor da melhoria de sua existência. Porém, a história não tem necessariamente de se dirigir a isso, salvo se for forçada a tanto.

O idealismo do revolucionário

A concepção de que o marxismo advoga apenas a satisfação da fome, da sede e do impulso sexual do indivíduo não pode de modo algum ser refutada pela afirmação de que ele seria, na verdade, muito mais refinado, nobre, profundo, e diria mais respeito a algo da interioridade da sua alma. Pois a indignação, a solidariedade e a abnegação são tão "materialistas" quanto a fome; a luta pela melhoria do destino da humanidade inclui egoísmo e altruísmo, fome e amor como elos naturais de uma cadeia causal. É verdade que a teoria materialista não tem nenhuma demonstração lógica para o desprendimento da vida. Ela não tenta inculcar o heroísmo nem com a Bíblia nem com a vara e não coloca no lugar da solidariedade e do conhecimento da necessidade da revolução nenhuma "filosofia prática", nenhuma fundamentação do sacrifício. Ela própria é antes o contrário de toda moral "idealista" desse tipo. Ela libera das ilusões, desvenda a realidade e explica os acontecimentos. Não tem demonstrações lógicas para valores "mais elevados", mas muito certamente tampouco tem razões contra o fato de que alguém entregue sua vida ajudando a efetivar os valores "mais baixos", ou seja, uma existência materialmente suportável para todos. O "idealismo" começa justamente lá onde esse comportamento não se contenta com uma explicação natural de si mesmo, mas recorre à muleta de valores "objetivos", obrigações "absolutas" ou quaisquer outras certificações ideais e "santificações", isto é, lá onde fazem o convulsionamento da sociedade depender da metafísica – e não das pessoas.

A pessoa dada como dote

A parte que cabe a alguém nos bens culturais materiais e espirituais atualmente não é condicionada em absoluto por sua colaboração no processo vital da sociedade. Ao contrário, essa condição continua existindo apenas para aqueles que não têm nada: eles precisam trabalhar, do contrário não estão autorizados a viver. Se o milionário trabalha, isso ocorre voluntariamente, movido por razões "mais elevadas", por causas "mais nobres" e diferenciadas, por caráter. O fato de alguém estar em uma ou outra posição não é determinado por nenhuma lei dotada de sentido. É um mero fato, assim como é um fato, em um ataque de assalto, quem é acertado pelos projéteis e quem pode continuar a viver. Há inúmeros graus entre os "não qualificados", nem sequer dotados de alguma habilidade qualquer, e os senhores dos trustes. Quanto mais se sobe de nível, mais diminui a coerção ao trabalho como pressuposto de qualquer pretensão e aumenta, além disso, a agradabilidade do possível trabalho, o modo peculiar como dá satisfação e o valor formativo para as pessoas.

Essa característica da sociedade tem por consequência que as relações pessoais sejam curiosamente diferentes. Um rico se coloca em uma amizade ou em um relacionamento amoroso como uma pessoa livre e por inteiro. Um pobre precisa sempre voltar a conseguir até mesmo a garantia da vida nua, o reconhecimento de que ele é um verdadeiro membro da sociedade humana e não um farrapo, cooperando duramente com o processo vital da sociedade — o que, para piorar, muitas vezes ainda é impossível. Ele está atado, pertence a si próprio muito menos que o rico.

Crepúsculo – Notas alemãs (1926-1931)

O presente que cada um pode oferecer a um ente querido pela entrega da sua própria pessoa é, portanto, distinto. Ele se distingue de acordo com a posição social de quem o traz.

Além disso, distingue-se também segundo a posição de quem o recebe. Para o homem humilde, cada relação humana com um semelhante seu contém o risco de mais privação e trabalho duplicado. Se ele dá seu amor a uma mulher da própria classe, sua vida modesta está ameaçada de sofrer ainda mais restrições. Já a relação de um capitalista com a mesma mulher oferece a ele a oportunidade de exercer sua magnanimidade e de mostrar que não tem preconceitos. No máximo, ele corre um risco para sua vaidade: se liga-se a pessoas da classe inferior, elas podem no fim estimá-lo em razão de sua posição, e não por sua alma. Isso costuma lhe ser desagradável. O fundamento da sociedade na divisão de classes, sem se deixar reconhecer assim, torna falso também o amor.

"Notícias de atrocidades"

Se um bom cidadão vem a saber, por volta do ano de 1930, que uma pessoa conduzida por intenções puras foi capturada, torturada ou morta por uma soldadesca bárbara em seu próprio país ou em qualquer lugar do mundo, na maior parte das vezes ele não se indignará por esse incidente, mas sim expressará o receio de que o mais provável seja que isso que lhe foi comunicado tenha sido exagerado. Se ele vier a saber mais informações irrefutavelmente exatas de que tal incidente, com uma regularidade atroz, aconteceu ontem, acontece hoje e acontecerá amanhã, e que é necessariamente parte do sistema em sua fase atual; se o cidadão for instruído, ademais, sobre a conexão da geopolítica imperialista com os presídios na Hungria, na

Max Horkheimer

Romênia, na Bulgária e na Polônia ou com o terror nas colônias, então ele realmente se enfurecerá passionalmente – porém não, digamos, contra os autores e executores desses atos desumanos, mas sim contra aqueles que o arrancaram da escuridão. Quando, em nome do lucro simplesmente, os portadores do sentimento de humanidade e da vida intelectual de países inteiros são assassinados, classes sociais são mantidas em horror e desespero, povos são subjugados da maneira mais ignominiosa ou mesmo erradicados, então o burguês leigo se transforma em um historiador crítico da mais meticulosa exatidão e, apesar da aversão moderna pelo fetichismo dos critérios, exige rigor científico, proclamando, contra a divinização da intuição que encontra de hábito, a constatação exata dos pormenores como a essência da pesquisa, e, em vista do sangue derramado, presta queixa contra a unilateralidade da história, contra o relatório parcial que favorece os perseguidos, contra os instigadores, porém não contra instigadores da atrocidade, mas sim contra os camaradas, contra o partido, contra as ideias dos afetados e, no fim, contra a própria vítima. Pois esse senhor amável, simples, inofensivo, normal, objetivo e bem aconselhado com o qual você agora fala só tem medo da morte em uma guerra civil se a morte não faz parte do terror organizado por sua própria classe. Ele só é crédulo quando se trata de atiçar a raiva contra o proletariado, e só se torna humano quando se trata de chorar pelo czar e pela classe superior russa, para a qual a Guerra Mundial foi uma especulação errada. Esse ingênuo está, neste mundo, necessariamente em companhia dos carrascos, e do mesmo modo reagem a consciência comum, a escola, a imprensa, a ciência, em suma, o espírito objetivo em suas funções e funcionários, de modo algum com considerações hipócritas – ninguém precisa mentir –, mas pelo honesto instinto.

Crepúsculo – Notas alemãs (1926-1931)

Sobre as Máximas e reflexões *de Goethe*

"Só conhecemos aqueles que nos fazem sofrer." Goethe certamente teria impugnado a aplicação de sua reflexão às classes sociais, e, no entanto, ela vale para a relação capitalista. Na medida em que os proletários padecem sob a classe dos capitalistas, a essência humana desses senhores será decididamente mais bem compreendida pelos proletários do que por seu círculo de amigos pessoais. Os proletários conhecem os empresários apenas de modo grosseiro e visto de um de seus lados, mas é esse lado o mais importante, absolutamente sério. Daí que a psicologia primitiva que o trabalhador forma para si de seu patrão, o ponto de vista do chão de fábrica, costuma ser mais correta do que os conhecimentos da antropologia filosófica.

Como dito, Goethe teria rejeitado essa interpretação. "A inveja e o ódio restringem o observador à superfície", consta nos mesmos ditos em que se encontra a reflexão mencionada acima. Mas que consequências devem ser extraídas dessa frase quando a continuidade da existência de uma sociedade e do tipo humano nela dominante se tornou uma desgraça para o desenvolvimento da humanidade? Os conceitos não se convertem então em seus contrários, de modo que a má superfície se torna o núcleo e a inveja se torna lúcida? "Só discerne os defeitos aquele que não tem amor", diz o próprio Goethe. E quando os defeitos pertencem à essência da coisa?

A política de Goethe prejudicou em alguns momentos a sua obra. Todo fantasiar sobre o que ele faria hoje é vão. De qualquer modo, seu olhar alcançou às vezes uma força que ainda pode iluminar a sociedade atual. "Uma pessoa só está realmente viva se se alegra pela benevolência dos outros." A vida na fase atual do capitalismo é, portanto, para a maioria das pessoas... a morte.

Max Horkheimer

A nova objetividade*

O "concreto" virou moda. Mas o que é que se entende por um tal concreto! Certamente não aquilo que as ciências investigam há alguns séculos. Ao contrário! Sob o aplauso de seus representantes burgueses, às ciências se atribui ainda apenas uma importância muito secundária. Não são as conexões causais entre as coisas aquilo de que se deve tratar, não são as relações que se querem conhecer, mas sim justamente as coisas abstraindo-se das suas relações: são elas próprias, sua existência, sua natureza o que está em questão. Nas pinturas da nova objetividade, nas quais objetos destacados são pintados depurados de seu entorno, esse esforço pode ser particularmente bem reconhecido. Elas não são afligidas pelas delicadezas do impressionismo francês, que foram resultado essencialmente da inclusão pictórica do *medium* de conexão. A "síntese" realizada em toda parte na ciência deseja ser uma ligação no pensamento daquilo que é originalmente percebido distintamente, e não uma reprodução das relações espaçotemporais entrelaçadas na realidade.

Assim, há também atualmente uma teoria do humano. "O ser humano" ele mesmo, o que lhe é "essencial", é ali descrito, são constatadas de modo muito resoluto as diferenças de sua essência em relação a todos os outros seres vivos e, por fim, com base em tais determinações recortadas, é indicada a sua posição na ordem hierárquica do "cosmo". A novidade dessa abstratidade da ciência, enfeitada de objetividade e que se apresenta contra o

---

* "Nova Objetividade", "*Neue Sachlichkeit*", é o nome de uma corrente estética alemã da época da República de Weimar e, nessa medida, costuma-se grafar com iniciais maiúsculas. A opção em minúsculas segue o texto de Horkheimer. (N. T.)

Crepúsculo – Notas alemãs (1926-1931)

velho formalismo tão arrogantemente como "concretude", demonstra grandes semelhanças com o comportamento que era exigido na boa sociedade de toda pessoa "decente". Não devo seguir o rastro das relações reais das pessoas, fazer comparações a respeito da realidade ou descobrir séries causais. Em vez disso, devo tomar cada pessoa "como ela é", ter em vista seu caráter, sua personalidade, em suma, sua "essência" individual. É ela própria, precisamente ela, deixando-se de lado seus entrelaçamentos espaçotemporais comuns, que quer ser tomada como substância. As relações seriam "inessenciais", sem importância, não pertenceriam à coisa. As "personalidades" querem ser concebidas por si mesmas e com isso receber aquele traço de interesse e profundidade que as pessoas fingem umas para as outras ter na boa sociedade. Essa objetividade abstrata se compatibiliza muito bem com a "consideração holística" que de uns tempos para cá vem reformando também a fisiologia. Ela é o seu anverso.

Mas, assim como a nova antropologia filosófica, ao determinar a diferença do ser humano isolado e do animal isolado, abstrai do fato de que não são humanos abstratos que matam os animais e comem seus cadáveres (o que condiciona o medo da morte diário e o tormento de milhões de animais), também nós devemos abstrair do fato de que o esplendor dessa mulher amável é possibilitado pela miséria de proletários pobres. Devemos abstrair de que todos esses distintos cavalheiros não apenas tiram proveito a todo instante da miséria dos outros como também a reproduzem para poder continuar a viver dela e estão dispostos a defender essa situação com não importa quanto derramamento de sangue alheio. Devemos esquecer que, justamente quando essa mulher se veste para o jantar, as pessoas às custas das quais ela vive estão se trocando para o turno de trabalho noturno, e quando lhe beijamos as mãos mais suavemente

Max Horkheimer

porque ela se queixa de dor de cabeça, devemos abstrair do fato de que na enfermaria do hospital são proibidas, depois das seis horas, visitas inclusive para os moribundos. Devemos abstrair. Para os nossos filósofos, hoje o que importa é sobretudo o conhecimento da essência. Para esse fim, eles abstraem de tudo que é exterior e contingente, abstraem do vínculo meramente "fático". A fábrica na qual se trabalha para os cavalheiros, o hospital no qual, depois desse trabalho, ele bate as botas, o presídio no qual se aprisionam aqueles entre os pobres que foram muito fracos para negar para si próprios o prazer reservado à elite – tudo isso certamente é "exterior" àquela dama. É "banal" se preocupar com isso. Não tem nada a ver com sua "psiquê", com sua "personalidade". Ela pode – abstraindo-se disso – ser elegante, sensível, espirituosa, humilde, profunda e bela ou ser contraditória, insegura, abatida, desarmônica, vacilante e infantil. Em uma palavra, pode ter sua própria "essência".

A moderna doutrina sobre os seres humanos, a "caracterologia" e pseudociências dessa espécie não ficam no lado de fora das coisas, mas penetram até o seu núcleo.

Há apenas uma única exceção. Quando alguém obtém sua renda por uma via que aparece como ilegal nas condições sociais dadas e não tem poder o suficiente para ser capaz de zombar dessa ilegalidade, sua "essência" deixa de ser uma unidade que pode ser compreendida a partir de si mesma. Nessa medida, então, é também completamente permitido rastrear as cadeias de causas. Justamente nessa medida e apenas nela é que a origem da existência deve lançar uma luz sobre seu conteúdo. O "magnífico" senhor X, diretor geral e esportista, deixa imediatamente de ser magnífico se não for capaz de impedir a publicização do suborno de um funcionário público com outro

Crepúsculo — Notas alemãs (1926-1931)

suborno ainda maior. Antes disso, o número de existências que ele arruína não tem nenhuma importância.

Mentira e ciências do espírito

Quem gostaria hoje de acusar as ciências do espírito de falsidade e hipocrisia? Do domínio infinito da verdade, elas recortam apenas justamente aquelas frases compatíveis com o sistema de exploração e repressão. Há tantas coisas que promovem a "compreensão" sem serem inoportunas!

Psicologia da economia

A ideia de que seria necessário estimular o "egoísmo econômico" de cada um para manter a economia como um todo em movimento pertence à justificação teórica da persistente necessidade de deixar por toda a eternidade aos nossos senhores do capital o monstruoso poder e o butim que eles recebem da humanidade como uma renda a cada vez renovada. Mas esquece-se de acrescentar que o "egoísmo econômico" da esmagadora maioria de todos aqueles que trabalham pesado consiste na coerção da fome, enquanto aqueles senhores vivem em palácios em troca de um trabalho interessante e prazeroso, limpo e inofensivo. Para incitar a pessoa egoísta a tal ponto que ela conceda comandar um exército de trabalhadores e empregados, é preciso dar a ela um automóvel, mulheres charmosas, boa reputação e segurança até a décima geração. Mas, para fazê-la se arruinar física e mentalmente todos os dias na mineração sob contínuo risco de vida, é suficiente uma sopa aguada regularmente e carne uma vez por semana. Que estranha psicologia!

Max Horkheimer

Artifícios

Há um artifício que Schopenhauer não mencionou em sua dialética erística. É o seguinte: se alguém quer demonstrar a validade de uma proposição que está abertamente em contradição com a experiência e que foi historicamente superada, então deve torná-la assunto das investigações mais difíceis e eruditas possíveis. Surge então a impressão de que seria impossível que os objetos sobre os quais se discute oralmente ou por escrito com tanta perspicácia fossem devaneios. Objetos desse tipo são hoje a liberdade da vontade, a hierarquia dos valores, o espírito transcendente, o fundamento primeiro do ser, entre muitos outros. A brutal afirmação de que tais coisas efetivamente existem poderia render poucos frutos em círculos mais amplos. Que sejam então postos desde o começo como problemas importantes. Particularmente quando se tem poder de torná-los títulos de conferências e ensaios, isso empresta a eles a aparência de atualidade. Deve-se buscar, nesse caso, evitar todas as formulações diretas, e no lugar da questão simples sobre o além, deve-se colocar o tópico profundo e que soa mais neutro: "Sobre os distintos modos e níveis do ser". Para os leigos, facilmente parecerá algo pacífico que a realidade, este mundo, fosse apenas um desses modos ou níveis; os especialistas, por sua vez, terão então uma nova, ou melhor, a velha problemática que lhes é própria. A névoa na qual eles se perdem assim certamente não é nenhum além, mas um mundo onírico e espectral. Quem não dominar o aparato conceitual sutil em rápida transformação de que eles se valem aparecerá como ignorante e incompetente e não tem que ter voz.

Outro artifício muito difundido, que hoje serve ao mesmo fim que o anterior, é o de subitamente substituir as velhas

Crepúsculo – Notas alemãs (1926-1931)

e descreditadas provas de Deus e da imortalidade pela prova muito facilmente apresentável da condicionalidade e da relatividade da ciência positiva. Interpreta-se esse último fato tacitamente como querendo dizer que haveria ainda um monte de outras posturas cognitivas igualmente legítimas, o que obviamente joga água no moinho de nossos metafísicos. Como se assim não fosse possível reabilitar qualquer ideia alucinada! Eles querem usar contra nós a circunstância de que não somos oniscientes para nos enredar na religião. Mas essa nova prova de Deus, a inferência da existência de Deus a partir de nossa limitação científica, é exatamente tão ruim quanto as demais.

Diante de tais "artifícios", recomenda-se a resposta: vossos problemas não podem ser decididos com meios científicos aceitáveis. Então queremos ao menos saber que sentido tem conservá-los frescos. Esse feitiço deve ter alguma importância social, do contrário não haveria cátedras universitárias para ele.

Ao telefone

Se você está visitando um conhecido em sua casa e ele é chamado ao telefone, às vezes você pode vivenciar uma surpresa embaraçosa. Enquanto ele responde ao interlocutor do outro lado da linha numa voz amigável, dá a você sinais de impaciência. Ele lhe mostra quão enfadonha e fastidiosa a conversa está sendo para ele. Sua voz complacente, que você mesmo já ouviu igualmente com bastante frequência, é mera convenção: o conhecido está mentindo ao telefone. Se você visitar muitas vezes esse conhecido, descobrirá que o tom de sua voz é enormemente matizável. Há uma escala que vai da cortesia zelosa, passa pela complacência óbvia e chega até a demonstração perceptível de uma leve impaciência. A voz de uma pessoa ao telefone revela particularmente bem suas distintas relações com o mundo, pois ao telefone ela põe tudo nessa forma de se expressar.

A descoberta de que a maior parte das relações de seu conhecido é, da parte dele, falsa, e ainda a constatação de que ele é completamente diferente com pessoas que lhe podem ser úteis do que com aquelas que, ao contrário, esperam algo dele, pode levar você a refletir sobre ele ou mesmo a conversar com ele sobre isso. Então ficará óbvio que a coerção da luta pela vida regula as relações das pessoas e que a baixa renda de seu conhecido explica suficientemente o comportamento dele. A sinceridade impune, a conduta livre e aberta e o tratamento das pessoas de acordo com suas qualidades humanas são prerrogativas dos milionários, que não têm mais nenhuma aspiração. Infelizmente eles também fazem uso dela apenas raramente.

Esquisitices da época

Entre os traços da época atual que podem parecer distintos e estranhos em uma época futura está certamente o modo como a organização da vida amorosa cunha a imagem de nossa existência pública e privada. Um dia, acharão extremamente curioso que o casamento, ou seja, a obrigação de seguir amando determinada pessoa, tenha feito parte das informações mais importantes sobre uma pessoa, que os dados mais relevantes na vida de um indivíduo fossem aqueles que tinham a ver com a esfera sexual, que em reuniões, momentos de diversão e eventos públicos determinado homem aparecesse junto de determinada mulher e que eles fossem até sepultados lado a lado – e isso só porque dormiam um com o outro. Essa marca da imagem geral do trato social por determinada necessidade fisiológica certamente não contará como "indecente", pois esse próprio

Crepúsculo – Notas alemãs (1926-1931)

conceito pertencerá então ao passado, mas as pessoas poderão dela ter notícia de modo semelhante ao que têm de qualquer peculiaridade compulsória desta ou daquela tribo de primitivos. As pessoas poderiam ficar tentadas a se envergonhar desse traço, assim como de alguns outros de seu passado.

O caráter

É preciso ter sorte na escolha de seus pais – não apenas por causa do dinheiro, mas também por causa do caráter que se recebe junto. Se ele também não é tão inato quanto se pensa, é, no entanto, adquirido já na infância. Assim como uma pessoa se encontra, por herança, de posse de coisas ou conhecimentos, também pode receber uma estrutura psíquica que capacita para uma carreira fabulosa, enquanto outras pessoas passam a vida inteira, inibidas pelo trabalho, excluídas de toda espécie de ascensão ou mesmo de felicidade.

As diferenças psíquicas que podem vir a ser tão decisivas para a vida de modo algum precisam remontar a diferenças igualmente grandes no desenvolvimento infantil. Pequenas causas, grandes efeitos – e vice-versa! De infâncias que parecem ter decorrido de modo muito distinto pode resultar algo semelhante, e diferenças imperceptíveis podem produzir caráteres contrários. Vivências pequenas podem ter decidido que A realize sua pulsão de agressividade se envolvendo em brigas e que B o faça construindo máquinas.

Até pouco tempo atrás, o desenvolvimento da personalidade ainda parecia determinado por uma bela necessidade interna. Agora reconhece-se também aqui o papel dos detalhes insignificantes. A crença em uma forma gravada que, viva, se desenvolve, é substituída pelo conhecimento dos pequenos acasos.

À medida que progridem, as pessoas conseguem cada vez mais pôr fim às atividades dessa falsária que é a Fortuna e determinar elas próprias a imagem da humanidade. Pela educação em uma sociedade racional, as crianças poderão esquecer da precaução na escolha de seus pais. Até chegarmos lá, porém, a distribuição dos caracteres será quase tão injusta e inadequada quanto a de patrimônio.

Contingência do mundo

Não há metafísica, nenhum enunciado positivo sobre o absoluto é possível. São possíveis, porém, enunciados sobre a contingência, a finitude e a falta de sentido do mundo visível. O critério da necessidade, da infinitude e da dotação de sentido, ainda em operação também em tais negações, não pode, no entanto, ser concebido, como na doutrina kantiana das ideias, enquanto fiador da existência do eterno na psiquê humana, mas sim ele próprio outra vez meramente como representação humana. Inclusive a ideia de uma instância absolutamente justa e bondosa perante a qual perecem a escuridão terrena, a abjeção e a imundície deste mundo, deixando subsistir e triunfar o bem desconhecido e pisoteado pelas pessoas, é uma ideia humana que morre e se dissipa com aqueles que a concebem. É triste o conhecimento desse fato.

Um experimento de pensamento: a contingência do real se torna especialmente clara quando examinamos a fundo o desejo de viver tão bem quanto possível. Podemos entendê-lo de diversas maneiras. Entre elas, a de que uma pessoa quer ter conhecido todos os prazeres, pensado tudo o que se pode conhecer, exercido todas as artes, e dizer na hora de sua morte: "Eu conheço a vida". Mas o que é que ela conhece, nesse caso? Poderíamos

Crepúsculo – Notas alemãs (1926-1931)

imaginar que ela acordasse em outro mundo no qual todos os prazeres, conhecimentos e artes do mundo presente parecessem irrelevantes em número e espécie, e então, depois de sua morte, acordasse novamente em outro mundo, e assim por diante em inúmeros mundos diferentes dos quais cada um deixa nas sombras as coisas que são importantes nos outros. Esse experimento de pensamento faz o seu saber atual sobre a infinitude do possível se contrair a tal ponto que a diferença entre a "ingenuidade" da mais miserável criatura humana e a sua própria inteligência se desintegra no nada. Sabe-se que, na relação com uma grandeza infinita, todas as grandezas finitas, sem distinção, são infinitamente pequenas, não importa quão grandes sejam.

Podemos também compreender esse desejo como o de uma pessoa querer ter vivido bem, isto é, uma vida moralmente boa. Ela precisa entender, porém, que seu conceito do bem é um conceito humano, e pode chegar um momento em que todas as suas representações se transformem. Ela precisa entender que esse conceito não é sacramentado por nenhum poder supraterreno e não está conservado em eternidade alguma. Toda consciência pode se modificar, não há memória eterna.

A diferença da vida boa e da ruim diz respeito apenas ao presente. É nele que ela é decisiva, mas somente ele é também a forma da existência. Nele, a diferença entre a vida boa e a ruim significa satisfação ou fracasso. Mesmo a gentileza, a decência e a justiça são, para aquele que as exerce, satisfação de seus impulsos. Compreendidas como meios terrenos para fins eternos ou como símbolos com um significado mais profundo, elas se tornam ilusões. Nem a vida nem o conhecimento têm um significado mais profundo. Nosso interesse pelo futuro não diz respeito à continuação da existência individual em um além, mas sim à solidariedade com as pessoas que vêm depois de nós neste mundo.

Max Horkheimer

Essa concepção se expõe à objeção da incompletude de nosso conhecimento. Talvez uma vida impotente e atormentada que tenha sido plena de bondade não seja uma vida perdida, talvez tenha uma manhã eterna. Não podemos sabê-lo. Porém, não podemos saber tampouco se a bondade, ademais, não se converterá no inferno em vez de no paraíso, nem se o reinado da eternidade é realmente tão ruim quanto como aparece na temporalidade. A contingência do mundo e de nosso conhecimento dele, ou a impossibilidade da metafísica, se expressa no fato de que todos os enunciados que transcendem o temporal são igualmente justificados ou injustificados. Quando os teólogos afirmam uma eternidade e, como demonstração da completa essência desse eterno, apontam para a esperança em nosso coração, eles se esquecem de que o medo e a desconfiança, tanto quanto nossa confiança da justiça divina, representam razões que justificam as conclusões sobre o absoluto. Por que a esperança, na qual as pessoas bondosas se veem habitualmente enganadas pelo poder, não deveria se frustrar justamente lá onde o supremo poder tem imediatamente a palavra? A falta de sentido do mundo desmente a metafísica, isto é, a interpretação que o dota de sentido. No entanto, ela só é capaz de desconcertar aqueles que conduzem uma vida humana por medo de algum senhor, e não por compaixão pelas pessoas.

Podemos amar em espírito seres humanos afastados de nós no espaço e no tempo e desejar o seu bem, assim como eles poderiam nos entender a nós próprios. Para além da humanidade, essa suma de seres finitos, não há, todavia, nenhum entendimento do que nos seja sagrado. Enquanto as pessoas não colocarem o mundo em ordem elas mesmas, ele permanecerá um jogo cego da natureza. O bem e a justiça não habitam lá fora no universo: ele é insensível e implacável. A humanidade como um todo se iguala, na noite que a rodeia, à garota de Lavaur, que, tendo acordado de uma morte aparente, encontra assassinadas todas as pessoas de seu país natal.* Ninguém mais participa de seu despertar, sua vida não tem significado para ninguém além dela. Ninguém a escuta.

Também a humanidade está totalmente solitária.

Conduzir a vida seriamente

Quanto mais incomensurável se torna a distância entre a vida dos senhores capitalistas e a dos trabalhadores, menos devem as diferenças vir à luz. Ao mesmo tempo que ocorre uma melhoria nos trajes e na aparência física das camadas superiores do proletariado, exige-se dos membros da classe dominante que não ostentem ou chamem muita atenção para o quão melhor eles estão e para o papel irrisoriamente módico que a importância do salário semanal de um trabalhador ou empregado desempenha no orçamento mesmo de um magnata menor. O gozo dos senhores, lá onde não consiste imediatamente no exercício do poder, só floresce então em lugares ocultos. Se há cinquenta anos a casa do empresário se erigia frequentemente ao lado da fábrica, hoje o trabalhador praticamente já não vê mais a garagem com o Rolls-Royce que leva seu diretor até o bairro de mansões na periferia da cidade. A vida das esposas e filhas, com seus campos de golfe e quadras de tênis, viagens ao Egito ou para esquiar, foi tão bem retirada do alcance da vista dos explorados que seu senhor pode proclamar a doutrina do trabalho duro pessoalmente e nos jornais sem ser perturbado.

---

* Referência ao episódio da tomada de Lavaur, na região francesa da Ocitânia, em 1211, durante a Cruzada Albigense. (N. T.)

A diferença das existências, que se aprofunda no capitalismo organizado em trustes, corresponde à uniformização da vida na esfera pública. De acordo com a ideologia hoje vigente, o gozo franco de uma vida como desempregado é quase tão condenado quanto a vontade resoluta de melhorar radicalmente a vida sem gozo do proletário. Quando, no rosto do senhor do truste, um sorriso se segue à seriedade da preocupação, não se trata do sorriso triunfante da classe dominante de outrora, mas antes de um exemplo da confiança em Deus dada à coletividade por um homem que realiza ele próprio um trabalho particularmente pesado. O que isso quer dizer é: nós somos todos igualmente nascidos para o trabalho, não para o prazer, mas ninguém pode se queixar. O membro da classe dominante que, sem nenhuma consideração, deixa notarem que é possível uma vida tão esplêndida em meio à miséria, ou melhor, em razão da miséria, se assemelha ao membro de uma patrulha que, na rota que passa por detrás das linhas inimigas, pigarreia e revela todos. É uma pessoa sem disciplina.

Relatividade da teoria das classes

As teorias têm origem nos interesses das pessoas. Isso não significa que os interesses necessariamente falsifiquem a consciência. É antes o caso de que as teorias corretas são justamente as que se orientam pelas perguntas para as quais oferecem uma resposta. A imagem que fazemos do mundo depende daquilo que nele nos atormenta e que queremos nele modificar. Mesmo na percepção, na pura contemplação, as imagens são inconscientemente codeterminadas por fatores subjetivos. No caso da concepção científica, que está sempre conectada a determinada práxis social e individual, o direcionamento do interesse

Crepúsculo – Notas alemãs (1926-1931)

chega a ser determinante na mais elevada medida para a estruturação de seu objeto.

O conhecimento dessa circunstância está contido na tese marxiana da unidade de teoria e práxis. A práxis da qual Marx fala coincide essencialmente com a práxis política, e a estruturação da imagem de mundo que nasce dessa práxis é a separação da humanidade em classes sociais. Para todos que estão interessados sobretudo no livre desenvolvimento das forças humanas e na justiça, as classes precisam aparecer como o princípio estruturante decisivo do presente, pois é de sua supressão que depende o cumprimento daquela aspiração. Há outras distinções, outros princípios estruturantes, que, do ponto de vista do mesmo interesse no livre desenvolvimento dos seres humanos e do ponto de vista da justiça, poderiam parecer tão fundamentais quanto a distinção das classes sociais, por exemplo, a diferença entre saudáveis e enfermos. A humanidade é dividida por uma linha limítrofe habitualmente invisível para o observador ativo do mundo, uma linha que, de modo tão injusto quanto a linha entre os membros das diferentes classes, exclui uma série de pessoas dos prazeres da Terra e as condena aos piores tormentos: a linha limítrofe da saúde. A distribuição de bens condicionada no mundo pelas distintas constituições físicas, pela suscetibilidade a patógenos e pelos acidentes no trabalho e no trânsito é tão irracional quanto as relações de propriedade na sociedade. As consequências desses dois absurdos são igualmente atrozes, e ao lado deles poderíamos colocar ainda outros princípios que cindem a humanidade.

Apesar disso, a distinção das classes sociais demonstra-se superior aos outros pontos de vista, pois pode-se mostrar que a supressão das classes implica a supressão das outras oposições, mas não, inversamente, que a supressão das outras oposições implica a abolição das classes. Os graves obstáculos que fazem vegetar a higiene e a medicina atuais não são reconhecidos sequer remotamente. A sociedade imperialista, sob cujo domínio, apesar da verdadeira abundância de todos os bens necessários, os países lamentam ter pessoas demais, essa sociedade, que asfixia inescrupulosamente os talentos da ampla maioria das pessoas, já não concede nenhuma verdadeira liberdade ao desenvolvimento das enormes possibilidades da medicina. Não apenas a moral sexual dominante, mas também o ódio latente contra a classe dominada, a incapacidade de alimentar pessoas saudáveis, prejudicam a luta contra as enfermidades até em seus detalhes. Além disso, o princípio econômico-político mostra também um alcance mais profundo que o fisiológico pelo fato de que a idolatria do poder e o princípio da concorrência da humanidade capitalista condicionam uma boa parte da amargura ligada hoje às enfermidades. O protestantismo e sua crença na realidade como manifestação do poder divino desempenham aqui um papel próprio. A supressão das classes conta assim como o princípio decisivo – mas apenas no que diz respeito à práxis revolucionária. Em razão da irracionalidade do mundo, essa prioridade não vale para toda avaliação do presente em geral.

É claro que não podemos considerar o presente desinteressadamente. A práxis política não se opõe à livre contemplação, à pura visão, mas a direção de nosso olhar pode estar determinada por uma outra práxis, por outros interesses, por outros sofrimentos. A política não tem qualquer prioridade em relação à verdade. Quem vê os seres vivos sob o domínio da distinção de prazer e saúde de um lado e enfermidade e morte de outro pode até estar sujeito ao reproche de estar tendo pensamentos vãos, mas não à objeção de que essa distinção seria menos incomensurável que a social. Porém, talvez tal consideração não seja

Crepúsculo — Notas alemãs (1926-1931)

tão vã quanto parece, mas também possa, por sua própria força iluminadora, contribuir para uma realidade melhor (cuja ideia indeterminada a motive em sua origem tanto quanto motiva a própria teoria da sociedade de classes). Também ela expõe o existente, em sua injustiça, à luz do pensamento. O horror que se consuma para além da consciência das pessoas, na obscuridade possui seu desconsolo particular.

Horror pelo assassinato de crianças

Quando ficamos sabendo do modo como o mundo de hoje se horroriza pelos crimes de estupro seguidos de morte e especialmente por ataques a crianças, poderíamos acreditar que a vida humana e o desenvolvimento saudável do indivíduo lhe seria algo sagrado. Deixando-se de lado, porém, o fato de que a grande aversão por esses crimes tem, em sua maior parte, uma origem psíquica particular, morrem centenas de milhares de crianças em razão das condições do mundo atual, e a realidade da maioria das que sobrevivem é tornada um inferno, e nem por isso são tomados de aversão aqueles cujos corações se inflamam tão facilmente. Em tempos de paz, os filhos dos pobres são o material a ser futuramente explorado, e, em tempos de guerra, o alvo dos explosivos e dos gases tóxicos. Os senhores deste mundo se horrorizam pelas razões erradas.

O interesse pelo lucro

A teoria de que os sujeitos da atual ordem econômica agem sempre seguindo seus interesses é certamente falsa. Nem todos os empresários agem seguindo seus interesses. Só que aqueles que não o fazem costumam se arruinar.

O caráter moralmente intacto do revolucionário

A burguesia "é um pai sábio que conhece seu próprio filho". Quando ela certifica o caráter moralmente intacto de um revolucionário ainda em vida, é melhor os opositores dela tomarem cuidado com ele.

Caminho livre para as pessoas de talento

A ordem social atual realmente coloca no topo as pessoas mais capazes. A reivindicação de que os mais capazes deveriam ter seu caminho liberado em primeiro lugar está há muito tempo ultrapassada. Que gênio dos negócios entre os empregados de uma grande fábrica não teria deixado logo para trás os seus colegas? Os empresários dessa fábrica teriam de ser tão cegos que sua falência seria certa. A lei do valor se impõe também em relação às "personalidades": o capitalismo possui princípios magníficos de seleção de seu pessoal. Isso não vale apenas para os negócios. Passe pelas fileiras de diretores de clínicas e laboratórios e reflita se eles não correspondem de modo excelente à sua profissão — e note que este é ainda um dos ramos pouco desenvolvidos. Há, de fato, uma justiça capitalista que, como toda justiça, certamente possui seus furos, mas mesmo eles serão ainda reparados com o tempo. A pessoa de talento — salvo poucas exceções — será recompensada.

Pode-se, porém, perguntar em que consiste então esse talento: trata-se da posse daquelas capacidades de que a sociedade, em sua forma atual, carece para sua própria reprodução. Entre tais capacidades estão tanto a habilidade quanto a convicção adequada do trabalhador manual, o talento organizacional do diretor da empresa e a experiência do reacionário líder do partido.

Crepúsculo — Notas alemãs (1926-1931)

Ainda que sua função no processo vital seja muito derivada, o bom romancista e o grande compositor são, em regra, reconhecidos e recompensados. Se abstrairmos do fato de que, dentre todos os seres humanos, a maioria tem hoje inibido o desenvolvimento e a aplicação de suas forças produtivas, podemos dizer que gênios incompreendidos são, no geral, figuras de tempos passados. Há, é verdade, mais talentos do que boas posições. Mas estas serão em todo caso preenchidas pelos que delas são "dignos", e no topo sempre há espaço. Os talentosos são levados em conta tanto quanto possível. Do ponto de vista de sua própria reprodução, pouco há a dizer contra o princípio de seleção pessoal do capitalismo. Justamente nesse aspecto, em que pesem as dificuldades atuais que afetam a geração mais jovem, reina uma relativa ordem.

No entanto, essa ordem costuma favorecer os mais terríveis. Não se pode dizer que esse sistema não põe no lugar correto as pessoas corretas. Os diretores gerais fazem muito bem o seu trabalho, e talvez até se possam encontrar alguns que devem seus postos inclusive apenas às próprias capacidades. Em todo caso, não seria muito fácil substituí-los por outros mais hábeis. Mas esses "talentosos" também estão atrás disso no capitalismo atual! Aqueles que apresentam mais serventia na indústria, na economia, na política e na arte atuais não são os elementos mais avançados, mas os que em grande parte ficaram para trás na qualidade de sua consciência e sua humanidade. Essa diferença é um dos sintomas do quanto essa forma social é caduca.

É equivocada a justificativa da abolição do capitalismo em razão da necessidade de um princípio de seleção que melhor favoreça a produtividade, pois ela toma como norma as categorias do sistema econômico vigente. Ela acredita que isso poderia ser feito com reparos. Não é para que os mais capazes fiquem nas primeiras posições, isto é, para que eles nos dominem, que precisamos mudar a sociedade, mas antes o contrário: é porque a dominação pelos "mais capazes" é um mal.

Relações humanas

A situação econômica de certa pessoa decide também sobre suas amizades. Utilizar a própria riqueza e renda para si mesmo e para a própria família é proporcionar os prazeres da vida a si e não aos outros. Não pode haver relações genuínas e imediatas lá onde os interesses mais fundamentais de um dos lados se contrapõem aos do outro lado, e esse é sempre o caso onde, sob a desigualdade dos padrões de vida, rejeita-se a comunidade de riqueza e renda.

Na sociedade burguesa, a família abrange, portanto, o círculo das relações diretas. Apenas no interior da família saudável é que as alegrias e as aflições de uma pessoa realmente dizem respeito à outra. Quando os indivíduos não têm interesses materiais idênticos, eles têm ao menos de reprimir o ciúme, a inveja e a alegria pela desgraça alheia. Ao destruir a família saudável no interior de camadas mais largas, sobretudo da pequena burguesia e dos funcionários, o desenvolvimento da sociedade destrói o único lugar onde há relações diretas entre as pessoas. Por outro lado, dentro de determinados grupos do proletariado, no lugar dos grupos espontâneos e consideravelmente inconscientes de si próprios, dos quais a família nuclear, o último produto de sua decomposição, agora perece, o desenvolvimento da sociedade põe novas comunidades conscientes e fundadas em interesses comuns reconhecidos. Estas últimas não são, como é o caso nas formas de associação espontâneas (da horda à família nuclear), sacramentadas como instituições divinas. A maior e

Crepúsculo – Notas alemãs (1926-1931)

mais clara unidade desse tipo é a que se forma pela solidariedade das camadas que estão interessadas em estabelecer uma nova sociedade. O surgimento dessa solidariedade proletária depende do mesmo processo que destrói a família. No passado, sangue, amor, amizade e entusiasmo pareciam levar a interesses comuns. Hoje, os interesses revolucionários em comum é que levam ao amor, à amizade e ao entusiasmo.

À solidariedade de todos os que querem pôr uma nova justiça no lugar da injustiça atual não se contrapõe, por sua vez, a solidariedade dos dominantes, mas sim o poder que eles mantêm em comum. As relações entre eles próprios não são diretas. Os donos dos grandes capitais podem até conservar um bom tom nos salões e se chamar de "amigos", mas seus capitais são colossos organizados que se tornaram autônomos em relação às pessoas de seus possuidores e às suas relações. O aperto de mãos de dois magnatas significa então tão pouco que nele não se percebe se no mesmo instante em algum lugar do mundo não escorre sangue pelos interesses opostos de seus capitais. Suas relações enquanto pessoas se tornaram notoriamente tão desimportantes diante de suas concordâncias ou oposições reais determinadas pelos poderes anônimos do capital que, no mais caloroso cumprimento, já nem é mais necessário o aviso: "Eu te arruinarei se for necessário". Em vez disso, esse fato óbvio constitui o pressuposto geral em razão do qual são possíveis relações bastante amigáveis e, quanto ao mais, sem quaisquer reservas. A ordem vigente, vinculada indissoluvelmente ao patrimônio e à renda de cada membro da alta burguesia, apoia-se hoje em tanta penúria e miséria que quase não conseguimos pensar a ideia de que um deles poderia titubear antes de arruinar uma dúzia de seus "amigos" para salvar uma porção maior de seu patrimônio. A comunidade privada que eles estabelecem entre si se encontra sob essa cláusula um pouco restritiva. Já sua comunidade social consiste essencialmente na opressão ao proletariado.

Sofrimento espiritual

A dor física é pior que a espiritual. Eis uma formulação questionável. Como alguém poderia comparar o grau correspondente? Como separar no pensamento a dor espiritual, que é praticamente sempre acompanhada, nos seres humanos, da dor física? A afirmação, apesar disso, é verdadeira. A privação material, a tortura física, o confinamento, o trabalho físico árduo forçado, a enfermidade fatal, estes são todos sofrimentos mais reais que o mais nobre luto. É verdade que os neurologistas têm razão em falar da situação terrível e dos suicídios de pessoas com sofrimento psíquico. E quem não sabe que até mesmo o tédio pode levar ao desespero? Porém, não são nem as doenças nervosas nem o tédio que nos são apresentados como as verdadeiras dores espirituais. Querem antes nos fazer crer que não apenas os pobres e os famintos, mas também os latifundiários e os barões da indústria devem sofrer severamente, ou mesmo que, quanto maiores são a formação e o poder, maiores são as preocupações espirituais, até o ponto em que superam os sofrimentos físicos. Nenhum pobre-diabo deveria mais acreditar nesse embuste! No que diz respeito às preocupações, certamente os proletários têm de suportá-las mais que os diretores da Krupp. Os desempregados suportariam de bom grado a medida de aflição desses senhores se pudessem ao menos sair da mais vil miséria. Mesmo entre as preocupações, a que costuma pesar mais é o medo dos infortúnios físicos de toda espécie. O sofrimento espiritual da classe dominante é um nada perto da penúria real do proletariado!

Crepúsculo – Notas alemãs (1926-1931)

Dois elementos da Revolução Francesa

O observador simpatizante à Revolução Francesa não se envergonha do fato de ela ter ido longe demais segundo o critério daquilo que poderia ser efetivado materialmente naquele instante histórico, nem de que a realização de seu programa apenas após graves reveses tenha podido preencher um longo período, mas sim do rompante de instintos justamente não revolucionários, filisteus, pedantes e sádicos. A malícia subalterna das camadas pequeno-burguesas nas quais, na práxis, a Revolução precisou se apoiar, transformou logo no começo em ideologia a solidariedade do povo, que ela invocava na teoria. É verdade que nela se encontram também impulsos que apontam não apenas para além da sociedade feudal, mas mesmo da sociedade de classes em geral. No entanto, eles podem ser mais encontrados nos escritos dos iluministas do que na pequena burguesia sádica que chegou por um período ao poder. Comparado a ela, pode de fato ter parecido um alívio quando os representantes das forças produtivas desenvolvidas, isto é, da burguesia madura para a tomada do poder, assumiram a condução após a queda de Robespierre. Uma interpretação da Revolução Francesa realizada imediatamente com base na filosofia iluminista deforma a realidade quase tanto quanto o faz a desfaçatez de certo romantismo, ao qual só repugnava o trabalho da guilhotina porque ele não funcionava a serviço dos Bourbon.

Na atualidade alemã, os dois elementos da Revolução Francesa, o pedante filisteísmo pequeno-burguês e a revolução, apresentam-se como forças históricas apartadas. Os pequenos burgueses e os camponeses podem se revoltar a serviço da burguesia dirigente e clamar por um carrasco, mas a criação de forças orientadas a um mundo mais humano está agora materializada na teoria e na práxis de pequenos grupos do proletariado. Para eles, não se trata da guilhotina, mas efetivamente da liberdade.

Da diferença de idades

Se um trabalhador ou funcionário desempregado ultrapassa o seu quadragésimo ano vivido, dificilmente consegue hoje um emprego. Se está empregado, então tem de temer a demissão. Os concorrentes mais jovens trabalham por menos e de modo mais racional. Ele se torna um velho sem valor nem habilidade. Torna-se um fardo para todos.

Se um conselheiro comercial faz sessenta ou setenta anos, faz-se uma festa na empresa. Dos discursos no jantar fica saliente o quanto a força de trabalho e a experiência do respeitado sênior significam para a firma e para o inteiro ramo da economia.

As qualidades de cada idade diferem dependendo da posição de classe.

Afetos estigmatizados

Nenhuma objeção invalida tão profundamente uma apresentação científica quanto a de que ela seria oriunda do afeto. Mesmo depois que a metafísica empreendeu, há pouco tempo, uma investida juvenil contra a exigência de neutralidade axiológica da ciência, o "afeto" continua sendo tabu. Mas a que afeto esse veredito diz respeito? Rejeita-se, por exemplo, o entusiasmo panteísta pelo mundo existente? Ou a veneração a um reino das ideias transcendente? Ou o desprezo pelas massas e pelo seu bem-estar? Ou a exaltação retrógrada pelo Medievo e pela Antiguidade? Ou a antipatia pela postura "negativista"? Ou o páthos da obrigação e da consciência? Ou a propaganda

Crepúsculo – Notas alemãs (1926-1931)

inflamada a favor da personalidade, da interioridade, da vitalidade ou outros afetos legítimos? Na realidade, o pensamento burguês estigmatiza apenas os afetos dos dominados contra os dominantes. É claro que não é infrequente que nossos intelectuais venham a nutrir "afetos" uns pelos outros e se reprovem por isso, tal como, em geral, os membros da burguesia vivem na luta concorrencial uns com os outros. Mas o inimigo contra cujo afeto todos estão unidos é aquele por cuja exploração todos estão interessados juntos: a classe dominada.

A postura desapaixonada exigida ao conhecimento, que surgiu da luta da inteligência burguesa revolucionária por uma ciência liberada da teologia, mostra-se hoje preponderantemente como a objetividade tranquila de quem se conta como parte do existente, como o bom tom de quem já se estabeleceu e é reconhecido ou como o zelo tranquilo de quem tem a perspectiva de conseguir algo. Perdoa-se de bom grado um pouco de arrogância e o comportamento brusco "de gênio", e até mesmo a "radicalidade" teórica e abstrata.

Incluem-se na exigência da postura desapaixonada as exigências da imparcialidade e da objetividade. Elas também provêm de tempos nos quais a ciência burguesa ainda era a vanguarda da humanidade, e sua terra natal eram as então agressivas ciências da física e da química. O afastamento da investigação da natureza em relação à autoridade eclesiástica e o seu recurso ao experimento eram eles próprios, claro, extremamente partidários e movidos por afetos. Nas ditas ciências do espírito, isto é, na teoria e na história da civilização humana, a imparcialidade não significa hoje de modo algum a tomada de partido pelo progresso humano, tal como significava para os físicos dos séculos XVI e XVII, mas sim a renúncia a colocar no centro aquilo que é o mais importante naquelas disciplinas, a saber, as relações de propriedade e dominação. Significa hoje, portanto, um estreitamento do horizonte, condicionado pela dependência da ciência ao capital. Expor abertamente a desigualdade conservada hoje em prol do lucro de uma pequena minoria e explicar o aparato de estultificação e repressão que funciona para esse fim seria de fato algo parcial e é realmente um tabu. A intuição de que a cientificidade e a tomada de posição contra a ordem dominante não podem ser separadas uma da outra talvez tenha proporcionado o prestígio daqueles esforços filosóficos que gostariam de criar uma oposição entre as "ciências do espírito" ou "da cultura" e a investigação da natureza, ou mesmo, por fim, entre as primeiras e a própria ciência em geral. O rigor e a tenacidade da investigação científica, que a burguesia compreendeu como uma tarefa social na luta contra o feudalismo, precisam ser interrompidos quando põem a própria burguesia em perigo.

A postura desapaixonada e a imparcialidade dos de baixo são o índice de confiabilidade para a classe dominante, não apenas na ciência, mas também nas manifestações cotidianas. Mais que a ausência dos demais vícios não propriamente criminosos, esses traços de caráter são pressupostos para o sucesso no sistema capitalista. Há um particular tom de voz que garante que estamos interiormente livres de afetos ilícitos. Quem quer educar seu filho para uma carreira nesse sistema precisa cuidar para que ele não deixe, quando adulto, de incorporar esse tom de voz!

Dificuldade de um conceito psicanalítico

Se um revolucionário viveu ou não pessoalmente "de modo realista", isso depende da situação da luta de classes. Se sua

Crepúsculo — Notas alemãs (1926-1931)

vida foi uma sucessão de sofrimentos desmesurados, fracassos, graves crises interiores e exteriores, prisão e tormentos de toda espécie, ele pode ter sido tão sensato, consequente, sóbrio e corajoso quanto no caso feliz de uma vitória final. No caso da derrota, sua política foi realista? Para a vida do proletariado, é o futuro histórico que decide acerca disso. Mas, para a vida do próprio combatente, que instância decide?

O analista poderia talvez replicar que essa questão não seria tão importante. Afinal, não seria o sofrimento objetivo o que importa, mas a saúde interior. Mas aquele que está na luta, ou mesmo alguma outra pessoa, é mesmo capaz de decidir sobre o quanto ele é saudável, neurótico, conciliado ou cindido consigo mesmo? Essas categorias burguesas correspondem a seu próprio mundo, não à luta que quer transformá-lo em seus fundamentos.

Pelos danos nos tornamos sábios

Pode ser, mas o caminho mais seguro é o do êxito, e se for para ser com danos, que sejam os dos outros! O pressuposto dos ditos homens de talento nos mais distintos âmbitos se encontra em parte no fato de que, devido à sorte e aos êxitos, eles chegaram rapidamente a uma situação social que lhes dava a visão panorâmica correta e um domínio seguro dos instrumentos de seu ramo profissional. O fracasso e os danos, ao contrário, nos tornam medrosos, e sabe-se que não há trava maior ao aprendizado do que o medo.

Tal é o mundo

A militância em um partido proletário tem por objetivo a abolição da exploração. O fortalecimento desse partido engendra de modo indireto, porém, um recrudescimento da pressão sobre a classe dominada, além de uma luta cruel contra todos os que sejam suspeitos de ser simpáticos a ela. Quanto mais se aproxima a decisão, mais terríveis são as medidas de repressão tomadas pelos dominantes. A própria guerra civil, para a qual o partido é impelido na dinâmica histórica, contém todas as atrocidades da Terra. Se a velha ordem triunfa, têm início o terror e o horror sem fim. Aqueles para quem importava a sério a melhoria da sociedade sempre precisaram aceitar esse fato a contragosto. A ação com a qual se deve ajudar é condenada a aumentar a miséria. Quando o membro cínico da classe dominante acusa o revolucionário ascético de engendrar um sofrimento inominado, ele não está errado. Tal é o mundo.

Burocracia sindical

Que as opiniões de funcionários dos sindicatos sejam com frequência muito mais reacionárias que as de democratas burgueses é fácil de se entender. Esses funcionários devem sempre extrair dos empresários vantagens para os trabalhadores. Quando isso não lhes sucede na medida desejada, eles recebem reprovações e feições de desapontamento. É verdade que são pagos pelos trabalhadores, mas, graças à mecânica do sistema econômico, seu desempenho é sempre insatisfatório. Como poderiam não se irritar com seus mandantes insaciáveis, inquietos e inconformados nem ter uma especial simpatia por teorias reformistas que tendem a abrir mão das reivindicações da classe trabalhadora – com a exceção das de seus próprios postos?

Crepúsculo – Notas alemãs (1926-1931)

Os que ficaram para trás

Em amplas partes do mundo, o capitalismo acabou com o "descuido". O descuido – a sujeira, a superstição, a estupidez, a enfermidade, a lentidão, a apatia. Na fábrica, o descuido não tem uso, e por isso se desenvolveu no mundo civilizado uma mentalidade que em geral o despreza.

As pessoas têm razão em conservar essa hostilidade e adotá-la como um dos elementos para uma sociedade melhor. É claro que ela também irá então mudar seu caráter. É que hoje esse traço possui algo em si desumano e que provém da sociedade da qual faz parte. Ele engendra o fato de que o que restou de prazer sem esforço, de paz e de despreocupação ficará cada vez mais inexoravelmente restrito ao pequeno grupo dos privilegiados. Não que tenha havido os bons e velhos tempos do conforto e da tranquilidade. Esses tais tempos consistiam em puro embotamento, mas a erradicação derradeira da indiligência, que ainda sobrevive nos rincões do mundo capitalista, é tão cruel que transfigura aqueles defeitos. A carruagem dos correios não era romântica, mas sim um instrumento de tortura. O velho contramestre demitido, sob a direção do qual tudo corria de modo mais tranquilo, era, apesar da menor velocidade de trabalho, tão supliciador nas antigas condições de trabalho quanto o novo nas condições atuais. Os pequenos e aconchegantes armazéns comerciais e tabernas, que agora vão à ruína, eram, por fim, ninhos de burrice e sadismo. Mas quem inala hoje o pó dos automóveis que substituem as carruagens são as pessoas humildes. O velho contramestre tem de perecer na miséria. A lenta ruína dos negócios debilitados é um inferno no meio do processo econômico moderno.

A abolição do descuido é necessária. Porém, ela se realiza sob uma monstruosa expansão do sofrimento humano e sob a aniquilação de determinados valores da vida. As ruas livres do pó dos carros, o ritmo mais lento nas oficinas, as conversas com os clientes e a paradeira nos pequenos comércios se tornam caros para quem os perde. Antes, tudo isso não era nada; agora, ao desaparecer, esses traços se apresentam à consciência e luzem como bens dos quais precisamos nos separar, como valores perdidos. Os filósofos, cujas ideias correspondem às camadas sociais em declínio nesse processo, queixam-se de que morrem "as imagens e as ideias". Julgam o passado do ponto de vista do presente e pensam que as pessoas teriam experimentado esses valores em outros tempos. Mas as dores produzidas pela irradiação incessante do modo de produção capitalista nos países desenvolvidos, como uma espécie de repetição infinita das atrocidades de sua primeira introdução, só então fazem aqueles estados anteriores se tornarem bens dos quais os infelizes são despojados, e, com isso, se tornarem as tais imagens e ideias com cuja morte os filósofos se enlutam.

Os filósofos estão equivocados, portanto. No entanto, a miséria dos que ficaram para trás, engendrada pelo progresso técnico e que dá ensejo às falsas teorias dos filósofos, não é menos real que a felicidade das gerações futuras que esse progresso talvez mais tarde engendre.

Dupla moral

Lema do amigo da ordem vigente: "Ai daquele que mente". Ele pode viver segundo sua convicção, com sua convicção, de sua convicção. Lema daquele que se horroriza com a ordem

Crepúsculo – Notas alemãs (1926-1931)

vigente: "Ai daquele que não mente". Ele pode perecer segundo sua convicção, com sua convicção, de sua convicção.

Sobre a relatividade do caráter

Não sei se Gengis Khan compôs sonetos, mas ele poderia ter sido encantador ao entreter alguém em uma conversação. Em todo caso, aqueles que lhe eram mais próximos o conheceram de modo diferente do que o fizeram os príncipes subjugados e os prisioneiros de guerra. Inversamente, os poetas e os intelectuais que assumem uma posição de honra na história do progresso cultural, com os Gengis Khans que são seus respectivos patronos, tomaram parte nos métodos de dominação de seu tempo e, para os dominados de sua época, estiveram entre os demônios.

As propriedades morais das pessoas são relativas, elas dependem da condição, principalmente da condição de classe de quem as experimenta. No entanto, não apenas *aparecem* de modo distinto dependendo da relação que temos com elas: elas *são* distintas. A relatividade de que falamos não é igual, por exemplo, à dependência do modo como uma imagem parece, maior ou menor, em relação à posição do espectador, enquanto na realidade ela permanece com as mesmas dimensões. No que diz respeito à escala fixa do ser humano, não estamos aqui tão distantes da escala das coisas que nos circundam, ainda que a física agora faça a dimensão das coisas depender do movimento do observador. O mecenas fino e generoso com o artista pode ser, com o trabalhador, de fato um explorador; a charmosa senhora, de fato uma supliciadora com sua camareira. O dedicado funcionário público é muitas vezes um tirano em sua família. As distintas características humanas não são apenas aspectos vistos pelas distintas pessoas por elas afetadas, mas sim realidades que existem nas próprias relações. A experiência de que esta ou aquela pessoa é melhor ou pior do que eu havia pensado costuma depender de alguma modificação qualquer na minha própria condição. Essa modificação provoca no outro um comportamento mais simpático ou mais hostil. Basta você ganhar o prêmio principal da loteria para passar a reconhecer a maioria das pessoas como pessoas melhores. Apenas alguns dos amigos que você tinha podem, depois disso, ficar mesquinhos e "se ofender de imediato".

Você já notou alguma vez uma modificação no tom de voz quando um conhecido descobre que você não é endinheirado como ele acreditava até então, mas sim pobre, e que você poderia, no fim das contas, querer algo dele? Você já observou a diferença entre os modos como cada um de seus conhecidos pobres e ricos fazem um favor? Diante daquele que ganhou poder, a maioria das pessoas se transforma em criaturas gentis e prontas para serem úteis. Diante da absoluta impotência, tal como a dos animais, elas se tornam comerciantes de gado e açougueiras.

Uma neurose

Há pensamentos que inibem a capacidade de trabalho e de gozo a um grau tal que beira a doença. Os psicólogos declararão esses pensamentos, então, como neuróticos. Apesar disso, eles são verdadeiros, e, se muitas pessoas os tivessem, e *sempre* os tivessem, a humanidade estaria talvez melhor.

Esses pensamentos são os seguintes: eu como e a maioria esmagadora das pessoas passa fome, muitos morrem de fome. Eu sou amado, inúmeros são odiados e atormentados. Se estou

Crepúsculo – Notas alemãs (1926-1931)

doente, outros cuidam de mim e querem me ajudar; a maioria das pessoas é punida pela enfermidade, sendo prejudicada em sua posição no mínimo com um salário ainda mais parco, reprovações, regime hospitalar e miséria. Neste instante, inúmeras pessoas no mundo são intencionalmente atormentadas, torturadas, mortas física e mentalmente: homens, mulheres, crianças, anciãos, animais – em um sofrimento indescritível. A mim *por acaso* ocorre que minha vida é tolerável; "por acaso" não em relação às causas, que não são acidentais, mas a meu valor intrínseco, pois sou como todos os outros.

Tolstói avançou em seu pensamento até este ponto. Suas sugestões de mudança eram ruins, ele não distinguiu com clareza as causas sociais do mal e, por isso, não viu o caminho para sua abolição. Mas há afinal um "caminho"? E ele não está comprometido de antemão, já que, se a humanidade chegar ao fim do caminho, não poderá mais ajudar aqueles que nele ficaram? De onde tirar a coragem e a força?

Esperar

A necessidade de esperar está estritamente relacionada à hierarquia social. Quanto mais alto alguém se encontra, menos precisa esperar. O pobre espera na frente do escritório da fábrica, na burocracia pública, no médico, para pegar o transporte. O trem que o leva também é o mais lento de todos. A espera é agravada quando ainda é preciso viajar em pé. Os vagões de última classe nos trens costumam estar lotados, e muitos ficam em pé. Os desempregados esperam o dia inteiro.

O fato de que cada minuto que um diretor geral espera por um banqueiro é um mau sinal sobre sua capacidade de crédito foi explicado com frequência. O conhecimento desse fato pertence à filosofia do homem de negócios capitalista. Na sociedade burguesa, menos atenção é dedicada à explicação da espera, que, em todas as épocas, foi uma característica distintiva da vida da classe dominada. Esse conhecimento não faz parte dos negócios da filosofia capitalista.

A maior parte das pessoas espera todas as manhãs por uma carta. Que ela não chegue ou que contenha alguma resposta negativa é o que em regra acontece àqueles que, de todo modo, já estavam tristes. Por outro lado, quanto mais rico é o destinatário, mais alegres são as surpresas que o correio matinal lhe traz, a não ser que a crise econômica abale também essa circunstância e o inclua no processo de reestratificação social.

O insondável

O que quer que seja o caso com a dependência geral da metafísica em relação à sociedade, o certo é que os senhores da intelectualidade oficial não serram o galho no qual estão sentados. Schopenhauer, que, é bem verdade, podia proporcionar para si próprio uma existência de rentista e transfigurava esse fato completamente, reconheceu, no entanto, que os catedráticos de filosofia de seu tempo respaldavam aberta ou clandestinamente a religião, pois, de modo direto, sua classe e, de modo indireto, o ministério que distribuía as cátedras não podiam prescindir da religião. Tornou-se claro para ele o quanto o *thema probandum*, a compatibilidade da religião com o estado alcançado pelo conhecimento, desempenhava um papel, intencionalmente ou não, até nos detalhes mais remotos dos sistemas. Mas ele não deu atenção ao fato de que as representações religiosas

Crepúsculo – Notas alemãs (1926-1931)

constituem apenas uma pequena parte dos modos de pensar e dos conceitos sancionados com os quais a filosofia, pelas mesmas razões, é tolerante ou ao menos neutra.

Hoje, não é preciso sequer tratar do conteúdo de uma teoria filosófica para nela reconhecer a condição social que compõe os interesses de seu autor. As questões que ele se põe e o tom em maior ou menor medida cultivado já traem o lugar seguro do qual fazem parte. O que vale para a filosofia vale para as "ciências do espírito" em geral. Nem os seus discursos sobre o espírito, o cosmo, o ser, a liberdade etc., nem tampouco suas manifestações sobre a arte, o estilo, a personalidade, a forma, a época ou até sobre a história e a sociedade revelam alguma aflição ou mesmo indignação com a injustiça ou compaixão com suas vítimas. Nesse aspecto, eles podem permanecer completamente objetivos, pois suas preocupações materiais não são as da maior parte da humanidade. Como essas pessoas poderiam servir aos interesses humanos "supratemporais" se ainda não entendem sequer os temporais? Com todos os complicados problemas que a ideia da eternidade pode conter, é mais fácil ela ser produzida pelos miseráveis em seu desespero do que pelos funcionários contratados para pensá-la. Ela tem a peculiaridade de aparecer de modo mais puro e sublime na esperança mais ingênua, sensível e rústica do que na metafísica espiritualista e na teologia. Estas últimas a refinaram, dessubstancializaram e retiraram do domínio das representações humanas a fim de poder superar mitologicamente sua contradição com a realidade. Elas a afastaram das imagens demasiadamente materiais que constituem os ideais aspirados pelos dominados e a adaptaram tanto melhor às finalidades dos dominantes. Faz alguns séculos que Deus tem sido concebido apenas como um espírito completamente transcendente e, por fim, como insondável. Isso talvez tenha menos a ver com o fato de que dificilmente seria possível fazer os horrores do mundo estarem em consonância com o bem e a justiça do ser onipotente – o que, para a teologia, nunca foi muito difícil – e esteja na verdade ligado à aversão à ideia de revestir a justiça e o bem com a honra de serem características de Deus. Esses traços pouco convêm à imagem dos dominantes. Retratar o onipotente como tão tenebroso e terrível quanto eram os próprios poderosos da Terra seria difícil, pois assim as pessoas teriam sido levadas ao desespero. Assim, Deus foi privado de toda característica reconhecível, e seus caminhos foram diferenciados completamente dos caminhos terrenos. Eles se tornaram tão obscuros quanto as práticas negociais dos fabricantes e banqueiros. A justiça, o bem e o amor à humanidade assumiram uma conotação crítica no capitalismo. Nossos metafísicos não pensam em idealizá-los. Em compensação, eles têm a alegria da defesa militar.*

Esquecimento

Quando uma pessoa está no grau mais baixo, exposta a uma eternidade de tormento que outras lhe criaram, ela alimenta, como uma redentora imagem do desejo, a ideia de que viria

---

* A palavra *"Wehrfreudigkeit"* designava, sob o nazismo, a disposição feliz em defender militarmente o Reich. Um cartaz de 1935 impresso em Munique de propaganda da SA (*Sturmabteilung*), milícia de Hitler, com um soldado atlético em primeiro plano e outros ao fundo, dizia: *"Deutscher, bekunde Deine Wehrfreudigkeit. Erwirb das SA.-Sport-Abzeichen"*. ("Alemão, demonstre a sua alegria em defender-se. Adquira o emblema da SA). (N. T.)

Crepúsculo – Notas alemãs (1926-1931)

alguém imerso na luz e lhe faria sobrevirem a verdade e a justiça. Isso não precisaria sequer lhe acontecer em vida, nem tampouco em vida daqueles que a torturam até a morte, mas um dia, em algum momento, porém, tudo seria corrigido. As mentiras, sua imagem falsa trazida ao mundo sem que pudesse se defender, desapareceriam um dia ante a verdade, e sua verdadeira vida, suas ideias e seus objetivos, assim como o sofrimento e a injustiça que lhe foram infligidos no final, seriam revelados. O amargo é morrer na obscuridade e tomado por algo que não se é.

Iluminar essa obscuridade é aquilo de que a pesquisa historiográfica pode se honrar. Poucas vezes os historiadores se esqueceram tão decididamente disso quanto no atual empenho de trazer "compreensão" histórica às anteriores classes dominantes e aos carrascos que as serviam. Os sonhos dos hereges e das bruxas de que um século melhor e mais humano lhes lançaria de volta o olhar se realizaram de fato, de tal modo que nossos intelectuais e literatos de hoje sonham em retornar àquela escuridão, não pelo anseio juvenil de libertar as vítimas, mas sim, com uma competência de especialista, para opor como um modelo ao presente aqueles abençoados tempos.

SOBRE O LIVRO

Formato: 14 x 21 cm
Mancha: 23 x 44 paicas
Tipologia: Venetian 301 12,5/16
Papel: Off-white 80 g/m² (miolo)
Cartão Supremo 250 g/m² (capa)
1ª *edição Editora Unesp*: 2022

EQUIPE DE REALIZAÇÃO

Capa
Vicente Pimenta

Edição de texto
Bonie Santos (Preparação)
Tulio Kawata (Revisão)

Editoração eletrônica
Eduardo Seiji Seki (Diagramação)

Assistência editorial
Alberto Bononi
Gabriel Joppert

Rua Xavier Curado, 388 • Ipiranga - SP • 04210 100
Tel.: (11) 2063 7000 • Fax: (11) 2061 8709
rettec@rettec.com.br • www.rettec.com.br